水月小札

楊惠南◉著

水月小札 2

目錄

水月小札　4

水月小札　6

序

數年前，筆者曾以「禪史與禪思」的課名，在臺灣大學爲一些非哲學系的學生，開講一門「通識教育」的課程。後來，《國文天地》雜誌社的林慶彰教授和傅武光教授，要我爲《國文天地》的讀者們，再次開講同樣的課程。

猶記得「禪史與禪思」的最後一講，筆者歸納出禪學中幾個值得在當代社會加以推廣的特色，做爲這一課程的結論。這幾個禪學中的特色是：⑴不畏懼權威的禪者風範；這對於政治、思想等各種權威依然充斥的當代社會，顯得特別具有意義。⑵不拘泥形式的教學方法；這在仍然執著於特定教學形式的當今教育界來說，具有振聾發聵的啓蒙作用。⑶「觸類是道」的眞理觀，亦即我人所接觸到的萬類都是絕對的眞理——「道」的顯現；這對於時刻生活在惡劣環境中的現代人而言，有其安定身心的作用。⑷自在解脫，這特別是指禪師們面對死亡時的無所畏懼；這對於每個人一生中所必然面臨的死亡問題，有著啓示作用。

於是，在林、傅兩位教授的鼓勵之下，筆者不但開講了「禪史與禪思」的課程，而且還依據以上四個禪學的特色，從古典禪籍——《指月錄》和《續指月錄》中，摘出六十則禪門小故事，陸續刊於《國文天地》雜誌，並搜集而成本書。《指月錄》、《續指月錄》，這兩本古典禪籍都以「指月」做爲它們的書名，其中，「月」象徵著明亮的絕對眞理之光；因此「指月」，意謂著這兩本禪籍中所記錄的故事，可以讓我們看到絕對眞理的「本來面目」。

而本書取名爲「水月小札」，無疑地，是因爲它所採用的故事，來自於這兩本和「月」有關的古典禪籍。如果這兩本禪籍可以指引我們看到天上的明月，那麼，本書最多只能指引讀者們，欣賞倒映在水中

水月小札　10

的明月罷了！——那是天上那輪明月的幻影！

禪門故事的改寫，對筆者來說是極富挑戰性的。一者，那是因爲筆者向來習慣於抽象的哲理思考，對於感性的寫作方式並不熟練；二者，是因爲每一則禪門小故事，都具有豐富的內涵，把它鋪陳得不清不楚固然不好，把它剖析得過分詳細，同樣也會失去它們應有的「禪機」。因此，如何求得二者的平衡點，成了筆者最感煩惱的地方。禪，原本是要人解脫煩惱的，沒想到反而讓筆者煩惱起來了！這說明光說不練的「口頭禪」，不如老老實實地去行一分眞禪。

感謝林慶彰教授和傅武光教授，給了筆者開講「禪史與禪思」，並撰寫本書的機會！感謝《國文天地》雜誌社，給了筆者出版本書的機會！感謝邱元昌先生爲本書製作插圖，使本書生色不少。也感謝那些古代的禪師們！沒有他們留下來的風範，筆者也無法把他們的事跡重新記錄下來。但願他們的風範，能夠隨那倒映著明月的江水，流遍人間！

本書是以再生紙印行。台灣目前每個月約有二萬噸模造紙市場，可以用再生紙取代。這樣一來，每個月可減少砍伐四十萬株綠樹。森林不但是我們休憩的地方，更是我們生活環境當中不可或缺的一環。從禪學的觀點來說，由於「觸類是道」、「無情有（佛）性」，我們更應該愛護每一棵綠樹、每一片森林！

打殺釋迦

傳說釋迦牟尼佛剛剛下生人間的時候，走了七步，步步生蓮，並在第七朵蓮花上面站立，一手指天一手指地說：「天上天下，唯我獨尊！」

環繞在生命體上的一切煩惱、痛苦和不幸，都是因爲有「我」的緣故；如果沒有「我」，一切的煩惱、痛苦和不幸，自然煙消雲散。因爲「我」是自私和慾望的溫床。沒有「我」，自私和慾望隨著消逝，而由它們所衍生的煩惱、痛苦和不幸，也就如流水一般地逝去了。

然而，一代聖哲——釋迦，爲什麼以初生之身，宣說「天上天下，唯我獨尊」的話語呢？這和他那慈悲爲懷、普度衆生的廣大心胸，不是成了不相協調的矛盾嗎？

事實自然不是這樣。釋迦所宣說的「我」是「眞我」，是「大我」，而不是存有一己私慾的「小我」或「假我」。《涅槃經》卷七曾說：「世間之人亦說有我，佛法之中亦說有我。」這似乎顯示世人和佛法的混同，然而，釋迦緊接著分辨說：「世間之人雖說有我，無有佛性……佛法有我即是佛性。」這可見釋迦所宣說的「我」是大我、眞我，亦即「佛性」，而不是世間所說的小我或假我。

但是，一般的芸芸衆生並不容易體會釋迦的本意，相反地，卻可能把釋迦的話語當成私慾之「我」的讚美詞。因此，當雲門文偃禪師看到了釋迦的那句話時，就斬釘截鐵地說：「我當時若看見，一棒打殺與狗子喫，貴圖天下太平！」（見《指月錄》卷一）

雲門禪師的評斷眞是令人驚心動魄！哪一個佛門弟子能有雲門的冲天豪氣和膽識呢？只有他，才能不畏釋迦的權威，打殺釋迦而給狗吃！

很多的佛門弟子都不敢懷疑釋迦所說過的任何一句話，更不用說

水月小札　14

打殺釋迦了。雲門禪師爲什麼膽敢打殺釋迦呢？那是因爲他眞正了解釋迦宣說眞「我」的本意，也是因爲他眞正景仰釋迦的德行，——畢竟，釋迦的偉大，並不是在他的六尺之軀，而是在他所宣說的眞理呵！

瑯琊覺禪師曾經讚美雲門的打殺釋迦說：「雲門可謂將此深心奉塵剎，是則名爲報佛恩！」（見《指月錄》卷一）瑯琊，瑯琊呵！你眞是雲門的知音、釋迦的眞弟子呀！

15　打殺釋迦

見法即見佛

有一天，從天上傳來消息：釋迦牟尼佛即將從天上下凡人間。原來，在釋迦的晚年，曾有九十日留在忉利天上爲母說法；現在功德已經圓滿，又要降臨人間了。

人間的佛弟子們，都爭先恐後地想要第一個去見到佛陀、迎接佛陀。釋迦的十大弟子當中，「解空第一」的須菩提，自然也不例外。但是，他默默地獨自思索著：「佛陀在許多場合都告訴我們：『見緣起即見法，見法即見佛。』他的意思是：了解一切事物都是經由各種條件（緣）而產生的『緣起』道理，就了解眞理（法）的本質；而了解眞理本質的人，就是見到了佛陀的人。……」須菩提想著想著，下定了決心說：「好！我就留在林下靜思『緣起』的道理吧！不要和師兄弟們去湊熱鬧了。」

的確，眞佛並不在於有聲有色的六尺之軀上面。《金剛經》中釋迦親口說：「若以色見我，以音聲求我，是人行邪道，不能見如來！」但是凡夫之人總是被那有形的事物所迷惑，迷惑在聲聲色色的美妙佛身之上。古代的許多佛弟子們，爲了釋迦的肉身而崇敬。現在的一些佛弟子們，則爲石雕、木刻的佛像而膜拜；還有一些則是沉迷在念佛、念咒或禪定見佛的歡喜當中。這些若不是《金剛經》裡所說的「邪道」，至少是沒有體會到「見佛」的眞義。

蓮花色就是一個例子；她是一位出家的比丘尼，釋迦佛的皈依弟子。她爲了第一個見到天上下來的佛陀，使盡渾身解數，終於如願以償地跑在最前面，見到了佛陀；並且興高采烈地向佛陀說：「佛陀！我是第一個見到您下凡的弟子。」但是，釋迦卻搖搖頭，微笑著說：「不！第一個見到我的人不是你，而是須菩提！」顯然，那是因爲須菩提是一個最能了解「見緣起即見法，見法即見佛」這一道理的人。

老母見佛

在城的東邊，住了一個老母，和釋迦牟尼佛同年同月同日生，但卻從來不願見到佛陀；每次遠遠看到釋迦走了過來，她就把頭轉了開去。

有一天，釋迦佛主動地跑到城東拜訪她，門才一開，看見是佛陀駕到，她就趕緊再把大門關上。但是，釋迦不死心地繼續敲門，老母心想這回逃避不了啦！終於把門打開。門是打開了，卻見老母背向著門外，還是不願見到佛陀。於是釋迦快步地移向老母的面前，希望面面相對地讓她見佛，卻沒想到當她瞥見了釋迦的身影，就迅速地把身體轉向別處，仍然無意正面見佛，於是釋迦只好告辭離開老母的住家。

但是，不曉得什麼原因，自從她瞥見了釋迦的身影之後，固執的老母就總是覺得佛陀的身影一直沒有離開過她，雖然事實上佛陀已經離去很久。她坐著時看到了佛陀的影子，站著時也看到了佛陀的影子；不管她面向東邊或南、西、北邊，佛陀的影子總是深深地印在腦海裡，栩栩如生地立在眼前。老母開始感到心慌意亂了，於是她用雙手摀住自己的眼睛，希望揮去佛陀的影像。沒想到，佛陀的影像卻滿滿地浮現在她的指端、指間和手掌上！

雪竇重顯禪師看了這則故事之後，曾經評論說：「它（她）雖是個老婆，宛有丈夫之作！」（見《指月錄》卷一）誠然，誰人能有城東老母的氣概，不畏懼釋迦的威德，不奉承佛陀的聖駕？而眞正的佛陀，又豈是侷限在能來探望她的六尺之軀上面？眞正的見佛，又哪能限定在聲聲色色的肉體上面？老母呵，妳是眞大丈夫呀！

然而，老母畢竟還是見到了佛，不免臣服在釋迦無所不在的影像之下。因此，雪竇重顯禪師繼續評論說：「如今不欲見佛，即許你，切忌以手掩面；何故？明眼底覷著，將謂雪竇門下教你老婆禪！」（同

前引）無所不在的佛陀，豈是以手掩面所能逃避的嗎？的確，聲聲色色的僞佛不應見、不可見，卻也無法瞎著慧眼而見到非聲非色的眞佛呀！眞佛必須睜大慧眼，才能見著哩！

這則有趣的故事，讓我想起朱自清的一篇散文——〈匆匆〉。文中說：「於是——洗手的時候，日子從水盆裡過去；吃飯的時候，日子從飯碗裡過去；默默時，便從凝然的雙眼前過去。我覺察他去的匆匆了，伸出手遮挽時，他又從遮挽著的手邊過去……。」朱自清描寫的是匆匆的時光，無時無刻、無處不在流逝而成過去。而眞理——眞正的佛身呢？不也是無時無刻、無處不在卻又不可用睜著的或瞎著的肉眼來捕捉嗎？要不然，眞理就要像匆匆的時光一樣，從手邊、水盆邊、飯碗邊、乃至凝然的雙眼邊流逝了！

21 老母見佛

親疏之間

夾山和定山都是大梅禪師的弟子。有一天，夾山和定山一同外出，半路上，定山說：「依我對佛法的了解，一切都是空無，連尊貴、美善、偉大的佛陀也是虛幻不實的空無。像這樣，身體雖然深陷生死輪迴當中，卻體悟連佛也空無的道理，就是解脫。」

但是，夾山似乎不同意定山的見解，因此，他也發表自己的看法說：「就我所知，一切罪惡的、無常的、生滅變化的世間事物，當然是空無；但是，美善的、永恆的、不生不滅的佛陀，卻是實有的，不能是空無。我們的肉體不幸身陷在生死輪迴當中，但是只要我們時時刻刻心中有佛，那麼，我們雖在生死輪迴當中，卻也不會被生死輪迴所迷惑。所以，我不同意你所說的連佛也空無的看法，一切世間事物可以是空無，但佛陀卻不是空無的！」

走在半路上的夾山與定山，就這樣，為了到底有佛或無佛的問題，爭辯了起來。於是，兩人約好去參見他們的師父大梅禪師，好為他們的爭辯做個公平的裁判。

兩人來到了大梅的住處，夾山就把參見的緣由一五一十地說了一遍，要求大梅告訴他們正確的答案。大梅回答說：「你們兩人的見解一親一疏。」這「親」與「疏」兩字確是極妙的回答，若是換成了「對」與「錯」，就成了窮酸夫子一般，冥頑而沒有迴旋之地了！事實上，一切都是空無，連佛也是空無，是釋迦金口親說，自然是正確的見解；另一方面，一個佛弟子必須時時心存有佛，也是正確的態度。因此，定山的連佛也空無，以及夾山的心存有佛，都是正確的看法，其中並沒有「對」或「錯」的問題；所以，大梅禪師的回答不用「對」、「錯」兩字，而用「一親」「一疏」，這意味著兩人都「對」，但是一個離眞理較近，另一個則離眞理稍遠。

夾山聽了大梅「一親一疏」的回答之後，忍不住又問說：「哪個親、哪個疏呢？」大梅說：「有問題的明天再來問吧！」

第二天，當定山還在睡夢中的時候，夾山就急急忙忙踩著朝陽，來到大梅禪師的住處問說：「師父！到底哪一個親、哪一個疏呢？」大梅禪師回答說：「親者不來，來者不親。」顯然，大梅認爲主張心中有佛的夾山，離眞理稍遠；而體悟了連佛也空的定山，才是眞正接近眞理的人呀！難怪後來夾山回憶這段往事時說：「當時我失了一眼！」（以上見《指月錄》卷九）

25　親疏之間

丹霞燒佛

鄧州丹霞天然禪師，有一天，來到了慧林寺，恰巧碰上了大雪紛飛的酷寒天氣。於是，丹霞便把佛殿上供奉的一尊木佛，拿了下來，劈成碎片，一片一片放入火堆當中焚燒取暖。

慧林寺的院主，看見自己平日所禮拜的木佛，被這過路的和尚所燒，既痛心又惱怒地斥責丹霞說：「你怎麼膽敢燒我的木佛！」丹霞用手杖一邊撥著已經燒成灰燼的木佛，一邊悠閑自在地說：「我要把木佛燒掉，看看會不會燒出舍利子呀！」

原來，佛門一直有個傳說，傳說一位有德的高僧，在他死後火葬的時候，會有五彩繽紛的、珍珠似的骨頭殘餘物——舍利子產生。而佛陀是高僧中的高僧，火葬後，自然也會有舍利子遺愛人間。

然而，慧林寺的院主卻說：「這是木佛，又不是眞佛，怎麼可能燒出舍利子呢？」丹霞禪師似乎捉到了院主的小辮子，理直氣壯地回答說：「木佛既然不是眞佛，那麼，再拿一尊來燒吧！」

這眞是令人茅塞頓開的一句話呀！以致院主聽了，不但一切內心的煩惱、執著都消除殆盡，連眉毛和鬚髮都掉光了！（以上見《指月錄》卷九）

很多正在修行道上跋涉的人們，雖然能夠斷盡世間名利的貪著，卻無法忘懷地追尋美善的事物與德性的生活。甚至在這追尋當中，自以爲是地珍惜自己所認定的美善與德性，而去排斥他人所試圖開創的另一條美善與德性的道路。於是，修禪的說修淨土的不究竟，修淨土的說念佛才是唯一成道的法門；宗派之間的歧視與衝突於焉產生；這都是因爲對於美善事物的執著，對於眞佛的認識不清。

所以，當有人問雲峰悅禪師，爲什麼丹霞要焚燒木佛時，雲峰回答說：「橫三豎四」。的確，人們由於認賊作父，把木佛誤以爲眞佛，

以致才有內心之中「橫三豎四」的煩惱。而當慧林寺的院主，知道自己的錯誤之後，一切「橫三豎四」的「眉鬚」都掉光了，成了自由自在、內心「七通八達」的解脫者了。因此，當有人繼續請教雲峰禪師，爲什麼院主眉鬚墮落時，雲峯回答說：「七通八達！」（同前書）

文殊道禪師，曾用一首四句詩，來讚嘆這則禪門中稱爲「丹霞燒佛」的有名故事，他說：「彭祖八百乞延壽，秦皇登位便求仙；昨夜天津橋上過，石崇猶自送窮船！」（同前書）那些不知往內自尋心靈中之眞佛的人，即使像八百歲的彭祖或試圖求得長生不老的一代暴君秦始皇，最後終究不免落空而走上死亡的不歸路。而晉朝的石崇呢？儘管他當上強盜、勾結權貴，以致富甲天下，卻也不免淪落至被殺的窮途末路呵！同樣地，那些抱緊木佛不放，卻迷失眞佛的人呢？不也是像彭祖、秦皇和石崇一樣嗎？

29　丹霞燒佛

呵佛罵祖

德山宣鑑禪師原本是一位飽學經論的高僧，對《金剛經》有深入的研究，並著有《金剛經青龍疏抄》。由於俗姓周，因此人們稱他爲「周金剛」。

德山無疑地是一個具有十分自信心的人，他常向他的同參老友說：「一毛呑海，海性無虧；纖芥投鋒，鋒利不動；學與無學，惟我知焉！」（見《指月錄》卷十五）德山的豪邁與傲氣，由這六句，即可見其一斑。

有一天，德山聽說南方的禪師們主張「直指人心，見性成佛」的道理，不必透過經典的研讀，即可開悟解脫。德山大不以爲然地說：「這批南方禪門的邪魔，膽敢輕視經典，待我前去收拾他們！」於是，他挑起簡單的行李和《青龍疏抄》，匆匆直往南方走去。

德山從四川，來到了禮陽，半路上，看見一個老婆婆正在路邊賣餅。德山心裡打量著：「走了老半天的路，肚子也餓了，吃個點心也好！」於是他歇下脚來，問那老婆婆：「有什麼點心可吃？」老婆婆並沒有在意德山的問話，反過來卻問德山說：「你挑的是什麼東西？」德山回答說：「《金剛經》的註解，名叫《青龍疏抄》。」老婆婆發出了神秘的微笑，繼續說：「《金剛經》裡說到了三心不可得，所謂過去心不可得，現在心不可得，未來心不可得，想必你也知道吧？」德山回答說：「當然知道！」

原來，《金剛經》所闡述的是一切事物都是空無、不可得的道理，因此，落在時間之流當中的心靈活動——過去、現在和未來的三心，自然也是空無而不可得了。

老婆婆確定了德山已經知道「三心不可得」的經文之後，又繼續追問說：「你既然知道三心不可得的道理，那麼，請問你向我買點心，

買的是三心中的哪一心？」顯然，老婆婆的問話太虛玄了，這是對德山道行的質疑和考驗。德山一時愕在那裡，說不出話來，半晌，連點心也不買了，挑著《青龍疏抄》急急忙忙離了開去。後來，終於把辛苦寫成的《青龍疏抄》付之一炬！他心裡想著：「留著這部不是眞情流露的《疏抄》，對世道人心會有什麼幫助！」

德山終於改變他的心意，用心地學禪，並且成了一代大禪師。有一次，他告訴他的門人說：「這裡佛也無，法也無。達摩是老臊胡，十地菩薩是擔糞漢，等、妙二覺是破戒凡夫，菩提、涅槃是繫驢橛，十二分敎是鬼神簿、拭瘡膿紙，四果、三賢、初心、十地是守古墓鬼，自救得也無，佛是老胡矢橛！」（同前引）

顯然，德山禪師的這一不畏權威、不執著經敎的「呵佛罵祖」，才是眞正流露自眞心的話語。但是，讀者們！千萬不要以爲德山是在毀謗佛祖呵！你們沒有聽說過雲門文偃禪師曾說過嗎？「讚佛、讚祖，須是德山老人始得！」（同前引）

33 呵佛罵祖

殺佛殺祖

臨濟義玄禪師的粗暴，是禪門中極爲有名的。他慣用打罵的「棒喝」方式，來教導他的弟子們。

有一次，臨濟看見一個弟子來參拜他，他便舉起手上的拂子；弟子禮拜後，臨濟便打。又有一次，他又看見另一個弟子來訪，便把拂子仍舊舉了起來；弟子連理也不理，臨濟還是棒打。還有一次，另一個弟子來了，臨濟還是舉起手上的拂子；這個弟子一看，趕緊說：「謝謝師父指示！」然而，臨濟還是打！

徑山杲禪師知道臨濟的打罵教育之後，感動地寫了一首詩，來讚美臨濟禪師：「五月五日午時書，赤口毒舌盡消除，更饒急急如律令，不須門上畫蜘蛛！」（以上見《指月錄》卷十四）

可不是嗎？一切的妖魔鬼怪，一切內心的煩惱、貪執，都在臨濟的棒下，煙消雲散了；就像五月五日午時所畫的符咒，吞盡了所有邪惡一樣，哪裡還需要在門上掛著一幅蜘蛛網一般的，用來避邪的八卦呢！

臨濟不但善於用「棒」，也善於用「喝」。有一天，臨濟告訴他的弟子們說：「我有時一喝，就像金剛王寶劍；有時一喝，就像踞地獅子；有時一喝，就像探竿影草；有時一喝，卻不做一喝用。」（見前書）

臨濟的意思，無非是在說明他隨機應變、因材施教的教學方法罷了。他的大聲一喝，可以像金剛王寶劍一樣，斬斷弟子的情絲；可以像蹲在地上的獅子一樣，降伏弟子心中的毒蛇猛獸；可以像捕魚的「探竿」和「影草」一樣，好讓弟子一步一步的上勾；也可以不把他的大聲一喝，當做斬斷情絲、降伏心魔等等的斥呵來用，相反地，卻當做讚許的道喜之用。

臨濟的門人，看見師父喜歡大聲地喝罵，因此，也學著大聲斥呵。

一時之間，全寺廟的弟子們，喝聲不斷，此起彼落。這時，臨濟卻把他們集合了起來，教訓說：「一個人要學會大聲喝，必須先學會喝的道理。當東堂有個和尚出來，西堂也有一個和尚出來，兩人齊聲大喝，其中哪一個喝對，哪一個喝錯，你們能夠分辨清楚嗎？如果不能夠分辨清楚，以後不准學我亂喝！」（同前書）

的確，如果打罵的「棒喝」教育，不能收到斬斷情絲、降伏心魔的效果，那麼，不管是一棒或是一喝都是錯誤而多餘的！

事實上，臨濟不但棒喝他的弟子們，甚至還棒喝佛祖：這才是臨濟打罵教育的精彩之處哩！他說：佛與魔是同一本質的，都是令人執著，使人墮落的東西。他還說：「若明眼道流，魔、佛俱打。你若愛聖憎凡，生死海裡沉浮，未有了日！」（引見前書）於是乎，臨濟禪師開始大開殺戒了！他說：「逢佛殺佛，逢祖殺祖，逢羅漢殺羅漢，逢父母殺父母，逢親眷殺親眷，始得解脫，不與物拘，透脫自在！」（同前引）

另外，唐朝有個龐蘊居士，也曾經說：「護生須是殺，殺盡始安居，會得個中意，鐵船水上浮！」（引見《指月錄》卷九）他所謂的「鐵船水上浮」，不外是說：當我們大開殺戒之後，才能到達鐵船浮在水上這樣不可思議的自在境界呵！

讀者們！臨濟和龐蘊到底殺什麼呢？不要以爲他們只殺邪惡的東西呀！圜悟禪師曾經自問自答說：「只如護生須用殺，且道殺個甚麼？便有禪和子道，不是殺物命，只是殺無明賊，殺煩惱賊，殺六根六塵賊，殺爭人爭我賊。雖然一期也似，要且未夢見衲僧脚跟頭！」（同前引）足見殺要大殺；不只要殺邪魔，也要殺祖佛呵！

即心是佛

有一次，大梅法常禪師向馬祖道一問說：「什麼是佛？」馬祖道一回答說：「即心是佛！」大梅法常聽了之後大悟，於是拜別了馬祖道一，來到深山裡修行。

一天，馬祖爲了試探大梅的道行是否精進，於是對一個和尚說：「你到師兄大梅那裡，問他正在修習什麼禪法？如果大梅回答說是正在修『即心是佛』的禪法，你就說：『馬祖道一師父現在已經不修即心是佛了，他改修非心非佛了。』你看大梅有什麼反應，回來告訴我。」

這個和尚照著師父馬祖的吩咐，來到了大梅隱居的地方，問說：「師兄最近修習什麼禪法？」大梅回答說：「即心是佛。」和尚說：「近來馬祖師父已經改修『非心非佛』，而不修『即心是佛』了！」大梅聽了抱怨說：「這老傢伙儘是惑亂人心，說什麼『非心非佛』！我才不管他哩！我還是修我的『即心是佛』罷了！」

和尚把大梅的話記在心裡，回到了師父馬祖的住處，一五一十地向馬祖報告。馬祖聽了，嘴角露出讚許的微笑說：「嗯！梅子成熟了！」（以上見《指月錄》卷九）

誠然，眞佛不在木雕、泥塑或銅鑄的佛像上面，也不在有生有滅的釋迦肉身上面，而在我人的內心深處。這是馬祖所說、大梅所修「即心是佛」的眞義。所以，馬祖有一次告訴他的門人說：「汝等諸人，各信自心是佛，此心即是佛心。」（引見前書，卷五）又說：「夫求法者，應無所求。心外無別佛，佛外無別心。」（同前引）

我曾經讀過三十年代中國大陸作家——劉大白的一首新詩，名叫「我願」。詩中說：

我願把我金剛石也似的心兒，
琢成一百單八粒念珠，

用柔韌得精金也似的情絲串著，
掛在你雪白的頸上，
垂到你火熱的胸前，
我知道你將用你底右手掐著。
當你一心念我的時候，
念一聲「我愛」，
掐一粒念珠；
纏綿不絕地念著，
循環不斷地掐著，
我知道你將往生於我心裡的淨土。

這是多麼令人心動的一首情詩呵！如果那串一百零八粒的念珠是用「即心是佛」的佛心所琢成，是用精進辛勤的細絲所串成，而那纏綿不絕念著「我愛」的聲音是佛聲，那麼，在黃梅時節裡，你的心，將會像綿綿不絕的春雨一般，滋潤著天下蒼生！

不是心·不是佛·不是物

有一天，一個弟子問馬祖道一禪師說：「師父！您爲什麼常常叫人參究『即心是佛』的道理呢？」馬祖回答說：「爲止小兒啼！」弟子又問：「啼止時，又如何呢？」馬祖說：「非心非佛！」（以上見《指月錄》卷五）

《涅槃經》（卷二十）當中，佛曾舉了一個「黃葉止啼」的譬喩說：「如彼嬰兒啼哭之時，父母即以楊樹黃葉而語之言：『莫啼，莫啼！我與汝金！』嬰兒見已，生眞金想，便止不啼。然此黃葉實非金也。」佛的宣說佛理，也像哄騙嬰兒的父母一樣，常常拿一些方便的道理，來誘導衆生，好讓衆生走向自在解脫的道路。「即心是佛」就是各種方便道理之中的一個。

誠然，當一個人不能體會眞佛——它是眞理的化身——無所在而又無所不在的時候，慈悲的佛菩薩們於是就告訴他：「即心是佛」。但是，眞理的化身——眞佛，又豈是侷限在方寸之間的東西？怎麼可能「即心是佛」呢？

無門慧開禪師曾在他那有名的《無門關》一書當中，對大梅禪師的勤修「即心是佛」，先是下了這樣讚許的評語：「若能直下領略得去，著佛衣，吃佛飯，說佛話，行佛行，即是佛也！」他的意思很明白：只要認眞地參究「即心是佛」的道理，終有脫盡眉鬚的一天！但是，緊接著，無門卻又批評說：「然雖如是，大梅引多少人，錯認定盤星！爭知道說這個佛字，三月漱口！若是個漢，見說即心是佛，掩耳便走！」

眞佛不是執著的對象；和眞佛等同的眞心，也不是貪戀的對象。否則掩耳、漱口，難道就可以躲避得了當中的罪過嗎？——或許，這就是馬祖禪師爲什麼在宣說「即心是佛」的道理之後，又要改口宣說「非心非佛」的原因吧？

水月小札 44

但是，禪門的風風雨雨、是是非非還沒有了呢！當弟子聽了「非心非佛」的道理之後，又向馬祖禪師問說：「除了即心是佛和非心非佛的道理之外，還有沒有更加高深的道理呢？」馬祖回答說：「有！不是物！」

從肯定的「即心是佛」走向否定的「非心非佛」，這是攀上孤峯頂上的唯一道路。但是，否定要澈底地否定呀！不能留下任何執著、任何一「物」！相信，這是馬祖所謂「不是物」的本意，也是下面這則故事的內涵：

有一次，一個和尚對著馬祖的弟子南泉普願禪師說：「您還有什麼特殊的秘密道理嗎？」南泉回答說：「不是心，不是佛，不是物！」南泉爲了教化他的弟子，眞是挖盡心思，把口袋的裡子都翻了出來；所以《無門關》說：「南泉被者一問，直得揣盡家私郎當不少！」然則，儘管一個佛道上的孤寂的旅人，放棄了「(即心)是佛」的執著，放棄了「(非心)非佛」的執著，也放棄了「(是)物」的執著，他能進一步放棄「不是物」的執著嗎？

百尺竿頭

在拋棄一切貪戀與執著之後，我能悟得什麼呢？在走盡無限自我否定的道路之後，我能肯定什麼呢？在超越了重重復重重的肯定與否定的矛盾之後，我安心立命的家園在哪裡呢？

無盡尼的〈咏春詩〉，告訴了我們正確的答案：

盡日尋春不見春，芒鞋踏徧嶺頭雲；
歸來偶把梅花嗅，春在枝頭已十分！（引見《鶴林玉露》）

無盡尼的〈咏春詩〉讓我想起王國維《人間詞話》中的一段話。他說：古今成就大事業者，必然歷經三個境界：⑴昨夜西風凋碧樹，獨上高樓，望盡天涯路；⑵衣帶漸寬終不悔，爲伊消得人憔悴；⑶衆裡尋他千百度，回頭驀見那人正在燈火闌珊處。

在修道的孤獨路上，充滿了令人誤入歧途的陷阱和小徑。我們必須克服它、超越它們，才能找到通往眞理的大道。這大道，雖是直往解脫境界，但卻並非坦途。眞理呵！你在何方？身穿襤褸的衣裳，拖著疲憊的步伐，尋尋覓覓，回到了原來出發的自家。那燈火闌珊處，那撲鼻的梅花香，那朝思暮想的伊人——眞理的化身，不正等在那裡嗎！

有個和尙曾問法燈禪師說：「百尺竿頭，如何更進一步？」法燈回答說：「噁！」

有個廬山化士，把法燈的這則故事告訴了茶陵郁山主。山主爲了這個撈什子問題，苦苦思索了三年。有一天，當他騎著一匹驢子過橋的時候，突然橋板斷裂，連人帶驢掉入了河中！但是，山主參究了整整三年的問題，終於獲得了解答。他歡喜異常地詠出了下面的四句詩：

我有神珠一顆，久被塵勞關鎖；

今朝塵盡光生，照破山河萬朵！（引見《指月錄》卷七）

古人曾說：「百尺竿頭坐底人，雖然得入未得眞；百尺竿頭須進步，十方世界現全身！」（引見《無門關》）的確，只有那些身在百尺竿頭，卻又能夠放下一切，往萬里晴空一躍的人，才能找到無盡尼的春天和茶陵郁山主的神珠。然而，無盡尼所尋獲的春天在哪裡呢？茶陵郁山主所發掘的神珠在哪裡呢？那珍貴、可愛的，如春天一樣溫煦、神珠一樣明亮的眞理呵！你藏在何方？

而更重要的是，如何能夠不執著一切、放下身家性命，在緊抱不放的百尺竿頭，往萬里晴空一躍，而更往上再進一步呢？

49　百尺竿頭

長空不礙白雲飛

有一天，道吾禪師問馬祖道一禪師說：「什麼是佛法大意？」馬祖回答說：「沒有得到就不知道的那個東西，就是佛法大意！」（見《指月錄》卷五）

這是多麼難以理解的回答呀！沒有得到就不知道——「不得不知」的東西，到底是什麼東西呢？

原來，佛法是眞佛所宣說的眞理。這眞理，無所在而又無所不在；在具體的日常事物之上，卻又超越了具體的日常事物。眞理就在一粒沙、一棵草、一朵花、一片瓦礫之上，在山與河之上，在天上的繁星、地上的農舍之上；但是，眞理又豈能侷限在沙粒、花草、瓦礫乃至農舍之上！

像這樣的眞理，凡愚得不到，也不可知；即使得到了，卻又如人飲水，冷暖自知，以致無法爲他人宣說。所以馬祖說：「不得不知，就是佛法大意！」

道吾禪師聽了，又繼續追問說：「向上更有轉處嗎？」馬祖回答說：「長空不礙白雲飛」（同前引）

對凡愚來說，佛法是不得不知。但是，對那些走盡了無窮的肯定、否定、再否定的修道之路的解脫者來說，佛法卻是可得可知、已得已知。然而，得知佛法的解脫者又如何呢？在重重的否定、再否定之後又如何呢？在百尺竿頭，卻連賴以維生的竿頭都不要，而要更進一步之後的心境又如何呢？這一連串「之後」的心境彷彿是虛無了，彷彿像萬里晴空一樣，風沒有了，雲沒有了，連日頭和月亮都沒有了。但是，馬祖告訴我們說：「長空不礙白雲飛！」無疑地，他對無限的放下、否定之後，給了肯定的評價。這就像是洗盡了灰塵汚垢之後的神珠，放出光芒四射的丰采一樣！

有一天，一個和尚問百丈懷海禪師說：「什麼是奇特的事情？」百丈回答說：「獨坐大雄峯！」（見《指月錄》卷八）其實，一個人孤寂地坐在大雄峯上，又有什麼奇特之處呢？奇特的應該是大雄峯上不礙清風明月，不礙白雲日頭的長空呀！

這心境，或許藥山惟儼禪師才能理解吧？因爲有一天夜裡，他獨自一人登上了一座高山，忽然雲開月見，於是大嘯一聲。這一嘯聲，在寂靜的夜裡，傳了九十里路。山下的居民第二天交相探問，才知道是藥山的嘯聲。當時的大文豪李翱，知道了這件事情之後，還特別寫了一首詩，贈給藥山。詩中說：

還得幽居愜野情，終年無送亦無迎；

有時直上孤峯頂，月下披雲嘯一聲！（見《指月錄》卷九）

朋友！你是否能夠踩徧層層下峯，獨上第一高峯，然後拖著既疲憊又興奮的身心，在那片不礙白雲的長空之下，狂嘯一聲呢？

53 長空不礙白雲飛

見山見水

盧山煙雨浙江潮，未到千般恨不消；
及至到來無一事，盧山煙雨浙江潮！

這是宋代詩人蘇東坡所寫的一首詩，借著不變的盧山煙雨和不變的浙江潮水，來描寫觀賞風景者恨與不恨的兩般心情。一樣的盧山煙雨，一樣的浙江浪潮，卻因爲兩般心情的不同，使得山水似乎也染上了觀賞者主觀的愛與恨了。

日本禪學大師——鈴木大拙，在他的《禪佛教》(Zen Buddhism)一書(第一章)當中，曾把蘇東坡的這首詩，拿來和青原惟信禪師的一則有名的故事相比較。這則故事說：有一天，青原惟信告訴他的徒衆說：「老僧三十年前未參禪時，見山是山，見水是水。及至後來親

見知識，有個入處，見山不是山，見水不是水。而今得個休歇處，依前見山祇是山，見水祇是水。」（引見《指月錄》卷二八）

惟信還說：「大衆！這三般見解，是同是別？有人緇素（分辨）得出，許汝親見老僧！」（同前引）無可置疑的，三十年前未參禪時所見的山水，和三十年後找到了「休歇處」——開悟解脫時所見的山水，儘管相同，但心境卻不一樣。這就像千般恨時所見的廬山煙雨、浙江潮，和恨消後所見的雖然相同，但心境卻完全不一樣的情形相似。

有人說，在通過了重重復重重的放下、否定、再放下、再否定之後，會進入虛無的狀態。

有人說，當走盡了世間一切事物都空，連佛菩薩都空的漫漫空無的道路之後，展現在眼前的仍然是空無的狀態。

於是，見山不是山，見水不是水了，世間的人情、財富、名位也喪失了它們的價值。他害怕起來了，不知所措起來了；他甚至厭惡「空」、咀咒「空」了，他「聞畢竟空，如刀傷心」（龍樹《大智度論》

語）起來了！

然而，惟信的故事讓我們吃下了一粒定心丸，因爲，在一切皆「空」之後，展現在眼前的仍然是美妙的山山水水呵！

蘇東坡還有一首詠嘆未曾染色之白絹的詩，相信也可以說明這種「空中妙有」的意境吧：

素紈不畫意高哉，倘著丹青墮二來；
無一物處無盡藏，有花有月有樓臺！

57 見山見水

一物不將來時

一個名叫嚴陽的修行人，有一天，來到趙州禪師住的地方，問說：「一物不將來時，如何？」顯然，嚴陽是一個自信心很強的修行人，自以爲已經達到一切皆空——不帶任何一物的境界了。

但是，趙州並不認爲這樣，於是針對嚴陽的問題，回答說：「放下！」這一聲「放下」，明白地告訴嚴陽：要在一切皆空後的百尺竿頭，更進一步，在山山水水的無限否定之後，也能回到山山水水的重新肯定之中。但是，嚴陽並沒有了解趙州的苦心，因此接著追問說：「不是已經告訴你『一物不將來』了嗎？你還叫我放下什麼？」趙州斬釘截鐵地說：「放不下，就擔回去！」

誠然，「空」是八面玲瓏的寶物，既放得下也擔得起！如果在重重的否定之後，墮入了虛無主義的陷阱，那麼，那些否定就成了累贅。

嚴陽聽了趙州的話之後，豁然大悟，據說，從此之後，就有一蛇一虎跟隨在他身邊，成了他的保護者哩！（見《指月錄》卷十三）後來，黃龍慧南禪師，還特別爲這件事情，寫了一首詩來讚美他：

一物不將來，兩肩擔不起；
言下忽知非，心中無限喜。
毒惡既忘懷，蛇虎爲知己；
光陰幾百年，清風猶未已！（同前引）

好一句「毒惡既忘懷，蛇虎爲知己」呀！或許，這就是忘懷一切，連「空」也忘懷之後，所展現的「妙有」境界吧！

胡漢俱隱時

雪峯禪師有一次在禪堂上，對著他的弟子們說：「要了解這件事情，就必須像臺上的古鏡一樣，胡人來了就現出胡人的樣子，漢人來了則現出漢人的樣子！」（見《指月錄》卷十九）

神秀禪師曾說過：「身是菩提樹，心如明鏡臺。」（引見《六祖壇經‧行由品》）像明鏡一般的智慧之心，沒有一己主觀的好惡夾雜其中。因此，美麗的小姐來照鏡子，它不會生起歡喜之心；醜陋的村婦來照鏡子，它也不會生起嫌惡之心。想必這是雪峯所說「胡來胡現，漢來漢現」的本意吧！

《黃檗傳心法要》卷下曾說：解脫者的心，就像河邊的沙灘一般，「諸佛、菩薩、釋梵諸天，步履而過，沙亦不喜；牛、羊、蟲、蟻，踐踏而行，沙亦不怒；珍寶、馨香，沙亦不貪；糞尿、臭穢，沙亦不惡。」無疑地，這也是雪峯所說「胡來胡現，漢來漢現」的注脚。

雪峯有個徒弟，名叫玄沙，當他聽了這番道理之後，就請教雪峯說：「如果既不是胡人，也不是漢人來照鏡子，而是另外一面明鏡來照鏡子的時候，又怎樣呢？」雪峯回答說：「胡人和漢人都隱藏起來，看不見了！」（見《指月錄》卷十九）

兩顆明鏡一般的解脫之心相會在一起，那必定像兩個武林高手過招相似，「兩刃交鋒不須避，好手猶如火裡蓮」呵！（洞山禪師語，見《指月錄》卷十六）其中，相擊而生的火花，粹麗燦爛、多彩多姿的景況，是可想而知的！可是，雪峯卻平平淡淡地回答說：「胡、漢俱隱！」

顯然，雪峯只就「眞空」的一面，來描述解脫者的心境，未能兼顧「妙有」的另一層面，來讚嘆聖者豐富的心靈。所以，他的弟子——玄沙聽了以後，就批評說：「老和尚脚跟猶未點地在！」（引見《指月錄》

卷十九）

誠然，在胡、漢俱隱的時刻，明鏡必然也會現出另一明鏡的光明面貌出來。那時，兩鏡互照，重重映入，其中顯發出來的重重光輝，豈是一切皆空的「胡、漢俱隱」所能形容於萬一的呢？

也許，那時只有詩人周夢蝶的詩句，才能形容一二吧！

沒有驚怖，沒有顛倒
一番花謝又是一番花開。
想六十年後你自孤峯頂上坐起
看峯之下、之上、之前、之左右
簇擁著一片燈海——每盞燈裡有你。

63　胡漢俱隱時

白澤之圖

從前，有三個禪師一起討論誤解眞理的人，到底會是什麼個模樣？其中，雪峯禪師說：「誤解眞理的人，就像飯籮邊坐餓死人，臨河渴死漢！」玄沙禪師卻說：「不對，不對！你的描寫還不夠入骨！我認爲應該像飯籮裡坐餓死漢，水裡沒頭浸渴死漢！」而雲門禪師則說：「也不對！我認爲誤解眞理的人，就像通身是飯、通身是水，結果卻餓死、渴死一樣！」（見《指月錄》卷十七）

一切都否定的「空」，是最容易誤解的了，那眞像是通身是飯、通身是水而餓死、渴死一樣，因爲他滿肚子的「空」理，卻不消化呀！

有一回，有個和尚問洛浦禪師說：「一毫吞盡巨海，其中又如何呢？」和尚的意思是，就像吞盡巨海的一根毫毛一樣，能把一切都否定掉的「空」理，又能剩下什麼「妙有」呢？

洛浦禪師回答說：「家有白澤之圖，必無如是妖怪！」（引見《指月錄》卷十七）

傳說，白澤是一種會說人話的獅子。《雲笈七籤，軒轅本紀》說：「黃帝巡狩東至海，登恒山，於海濱得白澤神獸，能言，達萬物之情，因問天下鬼神之事……白澤言之，帝令以圖寫之，以示天下。」這即是避邪趨吉之白澤圖的來源。

洛浦禪師的意思顯然是：我有避邪的白澤圖，家裡必然不會發生一毫吞盡巨海的怪事！因爲，能夠否定一切的「空」理，並不是什麼都虛無的意思；當「空」連它自己也否定了之後，清風拂面而過了，明月照射下來了，那山山水水依樣的美麗、依樣地動人心弦呵！

然而，保福別禪師更進一步說：「家無白澤之圖，亦無如是妖怪！」（同前引）的確，一毫不能吞盡巨海的事實，不管有無避邪的白澤之圖，都是如此呀！而「空」在否定一切之後，即會展現「妙有」的境界，這也是永遠不會改變的道理呀！

庭前殘雪

有一回，一個和尚問洛浦禪師說：「當我想要歸鄉的時候，應該怎麼樣呢？」洛浦回答說：「家破人亡，你要回到那裡去呢？」

故鄉，是令人懷念的地方。故鄉的風，故鄉的菜花園，故鄉竹籬下懨懨躺著的老土狗；這一切都是令人懷念的地方！而在佛門，那是象徵眞理的源頭，解脫者休憩的地方。

然而，一切都在否定的系列當中，眞理的家鄉、解脫者的休憩所，自然也是空幻不實的夢想，就像家破人亡的遊子，何處是歸途？何處是家鄉呢？

問問題的和尙，顯然也意識到了這一道理，因此改口說：「那麼，我就不回家鄉去吧！」

然而，在眞空的盡頭，在重重否定的盡頭，並非虛無，仍有妙有！那是眞空家鄉呵！懷念著的、嚮往著的眞空家鄉呵！

久別了的眞空家鄉，庭前的殘雪自有日輪來消熔。但是，田園已蕪，居室內紅塵層層，不回去清理一番，怎麼可以呢？所以，當和尙說不回家鄉去時，洛浦馬上唱了兩句詩，來糾正他的看法：「庭前殘雪日輪消，室內紅塵遣誰掃？」（見《指月錄》卷十七）

的確，在酷寒的北國裡，冷風颩走了黃葉。彷彿什麼都沒有了，一個死亡的絕地！然而，看呀！那突兀的、連一片小小的黃葉也不曾留下的樹幹，光溜溜地屹立在荒野上，金風徐來，閃爍著殘雪的光芒！不多久，當春日再昇，必當萌發嫩芽和新葉！所以，當一個弟子問雲門禪師說：「樹凋葉落時，如何？」雲門肯定地回答說：「體露金風！」（見《指月錄》卷二十）

羚羊無蹤

有六個和尚，一天，一同來到了黃檗希運禪師所住的地方。其中五個，都向黃檗行禮、打招呼；只有一個既不行禮，也不打招呼，只是拿起坐禪用的蒲團，在地上畫了一個圓圈，就站著不動了。

黃檗看到這一情形，就說：「今天來了六隻獵狗，其中有一隻是惡狗！」顯然，黃檗所說的惡狗，是指那個不行禮的和尚。於是，那個不行禮的和尚從容地回答說：「雖然是隻惡狗，却是聽到羚羊的叫聲而後跟著來的！」

原來，羚羊是眞理的象徵、眞佛的譬喻。每一個追尋眞佛、眞理的修行者，都像一隻牧羊的獵犬，追趕著、馴服著眞理與眞佛的羚羊。

黃檗禪師一聽那是一隻尋著羊聲而來的惡狗，於是又說：「我養的羶羊既聰明又伶俐，牠不隨便發出叫聲！」和尚機靈地回答說：「但是，我還是可以跟隨牠的足跡而來呀！」黃檗也不是空負虛名的禪師，於是接著又說：「我這隻羶羊體態輕盈，並不會留下足跡來！」和尚不甘示弱地繼續對談著：「那我就跟著羊蹤找尋吧！」然而，黃檗斬釘截鐵地說：「羶羊無蹤！」和尚一聽，大不以爲然地說：「這豈不是死羊一隻嗎！」黃檗一句話也不說地拋下衆人，回到自己的僧寮休息去了！

第二天，當寺裡的衆僧又齊集禪堂時，黃檗高坐在禪堂的法座之上說：「昨天的事情還沒了斷，那個尋找羊蹤的和尚出來！」新來的和尚，從衆僧群中走了出來，站在黃檗的面前。黃檗說：「昨天我一句話不說地回我寮房，是什麼意思？你懂嗎？」和尚默默無語，不知怎麼回答。黃檗責備地說：「昨天我還以爲你是個具有英雄本色的出家人，現在才知道你也不過是個喜歡耍嘴皮子的和尚罷了！」說完了，黃檗拿起木杖，把那新到的和尚打罵出去。（見《指月錄》卷十）

《大品般若經》(卷四)說:「譬如鳥飛虛空無有跡,菩薩句義無所有亦如是。」這是說明因爲一切皆空,因此並沒有眞實而可執著的菩薩。事實上,不但菩薩空無所有、不可執著,佛陀和祂宣說的眞理,同樣也和空中鳥跡一般,空無所有、不可執著。

然而,空中的鳥跡,雖然空無所有、不可執著,但卻又那麼眞眞實實地存在著!在不可見、不可聞、不可捉摸的情況當中,卻沒有人能否定群鳥曾經飛過虛空!

絕對的眞理就像空中鳥跡一樣,不可見、不可聞、不可捉摸,也不可用一般的思維來理解,但卻又那麼歷歷分別地存在於世間。每一棵草都有它的影子,每一朵花都有它的芳蹤。它在瓦礫中,它在螻蟻上,它就在你我的心裡和心外的一切事物之上!羚羊呵!無聲、無息、無跡、無蹤,卻處處可以嗅出你的聲息、尋到你的蹤跡!眞理呵!你絕對不像那個新到和尚所說的,僅僅是一隻死去了的羚羊。

71　羵羊無蹤

夾路桃花風雨後

鴦崛魔羅尊者未出家前,信了一種邪教,教中的邪師告訴他:「只要你能殺死一千個人,把他們手上的拇指編成花冠,戴在頭上,你就可以統領天下,成爲國王!」鴦崛魔羅聽了邪師的話,於是開始瘋狂地殺人;慢慢地,他的頭上插滿了死人手上的拇指,人們給他一個外號,叫做「指鬘大盜」。

指鬘大盜殺呀殺的,能夠殺的人越來越少了!因爲,人們見到了他,就遠遠地躲了起來,官兵也設下天羅地網想要捉拿他。於是,他藏在靈鷲山上一處森林茂密的地方,只有他那年邁的慈母,每天跋涉崎嶇的山路,老遠地送飯給他吃。

過了一段不算短的時日,指鬘大盜這時已經殺了九百九十九個人了，眼看著只要再殺一個就「功德圓滿」了，但是，周遭所見都是巨樹亂籐，要不就是野鹿、山豬。指鬘大盜開始不耐煩了！突然靈機一動，眼睛射出了可怕的紅光，他喃喃自語地說：「爲什麼沒有想到殺我母親呢！」他從懷裡拔出了那把染著污血的利刀，得意地玩賞了一番。心想母親就要送飯來了，不禁露出猙獰的微笑！

靈鷲山是釋迦牟尼說法的地方，指鬘大盜的惡名老早就傳入釋迦的耳裡。這天，陽光普照，不知是有意或無意，釋迦來到了指鬘藏匿的地方。好久沒有看過陌生人的指鬘大盜，瞥見了釋迦陌生的身影，不由自主地喜上心頭！他喃喃自語地說：「好啊！天堂有路你不走，地獄無門偏進來！」才一轉眼的工夫，他已改變主意，不殺母親，改殺釋迦了！

於是，指鬘大盜開始追起釋迦來了！他追過了林子，追過了溪水，追過了山丘和草原，就是追不到釋迦，兩人之間，總是不近不遠地離個五、六步路！

指鬘開始心慌起來了，也納悶起來了！心想釋迦的脚力怎麼這般了得！於是他邊跑邊喊地說：「釋迦！你快給我停下來！」釋迦邊跑邊回答說：「我早就停下來了，是你一直不肯停下來的呀！」

指鬘大盜一聽，心頭如巨石崩裂一般，大徹大悟了起來！他把手上的血刀丟在地下，跪著磕頭，成了釋迦的弟子！（見《指月錄》卷二）

傳說中，不但指鬘大盜放下屠刀立地成佛，而且，廣額屠兒在釋迦宣說《涅槃經》的時候，也是突然心裡有所省悟，因此放下手中的屠刀，向著釋迦和衆人宣說：「我是未來的千佛之一！」（見前書）

傳說中，還有一個名叫文殊思業的禪師，原本也是一個屠夫。有一天，正在屠殺一隻豬的時候，突然慈心大發，放下了手中的屠刀，落髮出家去了。後來，他還寫了一首詩，描述當時的心情說：「昨日夜叉心，今朝菩薩面；菩薩與夜叉，不隔一條線！」（見前書）

的確，一個能放下、能停下來反省過錯的人，都能獲得無限的喜悅。因此，你還會說，在無窮無盡的否定與空無之後，你曾經失落了什麼嗎？

也許，你將會像一匹穿過桃花林子的駿馬吧！當風雨起時，花瓣紛紛飄落，朦朧中，彷彿失去了什麼。但是，你踩著的仍是片片殷紅的桃花，想躲都躲不開哩！——這意味著：當你放下一切之後，你將擁有更多呀！

東山覺禪師曾說：「你想認識廣額嗎？夾路桃花風雨後，馬蹄何處避殘紅！」（同前書）其實，騎著駿馬，在片片桃花徑上踢踏走著的，豈只是廣額呢？也是文殊思業，也是指鬘大盜，也是能夠體悟這一道理的你和我呀！

枯木寒巖

從前有一個有錢的老婆婆，建了一座美侖美奐的寺廟，寺中供養著一位苦行的和尚。

整整過了二十年，老婆婆每天都叫一個二八佳人，送飯給寺中的和尚吃。有一天，老婆婆教那二八佳人說：「你今天再把飯食送去給和尚吃，吃飽了，就抱住他的身體，問他：『正在這樣的時候，你覺得如何？』看他有什麼反應？然後回來報告給我聽！」

那個二八佳人依照老婆婆的吩咐去做，於是等到寺中的和尚吃飽了飯，就過去緊抱著他不放，然後問說：「正在這樣的時候，你覺得如何？」那和尚道貌岸然，一動也不動地說：「枯木倚寒巖，三冬無煖氣！」

二八佳人回到了老婆婆的身邊，一五一十把經過情形詳細地報告出來。老婆婆一聽，又惱怒又氣餒地說：「這二十年來，我白白養了一個俗漢！」於是，她把和尚趕出寺去，並放了一把火，連廟也燒了！

（見《指月錄》卷七）

的確，二十年的刻苦修行，如果只是修到一個「無煖氣」的「枯木」、「寒巖」，其中沒有絲毫溫煦、光明和活潑的氣息，那是對於空理——否定哲學的誤解，也是對於供養他的施主——老婆婆的糟蹋！

傳說釋迦有一次在荒山之中修行，忉利天上的護法神——釋提桓因，爲了試煉釋迦的道心，於是化成了一隻青面獠牙的羅刹鬼，來到釋迦的身旁，唱著下面的兩句詩歌：「諸行無常，是生滅法……。」釋迦聽到這一嘹亮的歌聲，不禁在內心裡生起無限的共鳴與好奇。他知道詩歌中的意義不夠完整，應該還有下面兩句。於是，忘了內心的恐懼，向著羅刹鬼乞求說：「羅刹鬼！請繼續唱完下面的兩句詩歌好嗎？」

羅刹鬼露出了猙獰的面目說：「我是一隻專門吃人的羅刹鬼；只要你肯讓我吃掉，我就答應你，把後面的兩句唱完！」求道心切的釋迦，不顧自己生命的危險，毅然答應了羅刹鬼的條件。於是，羅刹鬼接著唱了下面的兩句詩歌：「生滅滅已，寂滅爲樂！」

釋迦聽了，法喜充滿地爬上一棟巨樹，跳了下來，爲求眞理而殉身了！（見《因果經》）

有人說，心中有眞理的人是快樂的、是勇敢的。釋迦的殉道是一個例子，羅刹所唱的詩歌也是一個例子。詩中的最後兩句是：「生滅滅已，寂滅爲樂。」它告訴我們，在捨棄了生生滅滅的一切事物之後，會展現出空無中的快樂！這一境界，豈是那個只知「枯木」、「寒巖」，而無絲毫「煖氣」的和尙，所能體會於萬一的呢！

79　枯木寒巖

文殊藥草

有一次文殊菩薩命善財童子去採藥草。善財童子出了大門，看到遍大地中無一不是藥草——清泉可以治療我們的渴病，野菓可以治療我們的飢餓，青山可以治療我們的憂傷，顛簸路上的石礫可以治療我們的懈怠與氣餒……。善財童子一時之間不曉得應該採擷什麼，只好回去了！

於是，他回到了文殊菩薩的身邊說：「菩薩！依我看來，遍大地中無一不是藥草，請問您要我採什麼藥草？」文殊說：「既然處處都是藥草，你就隨便採一點回來吧！」

善財童子於是又出到門外，這次，他來到一片青翠的大草原，看到了迎風招展的如茵綠草，眞是心曠神怡！他隨手摘了一株野草，回到了文殊菩薩的面前，交給了文殊菩薩。文殊接了過來，微笑著對那正在入神聽他說法的弟子們說：「各位！善財童子剛剛爲我採來了一株藥草。這株藥草，可以殺人，也可以活人！」（見《指月錄》卷二）

文殊菩薩的話似乎是矛盾而玄虛的，以致石田薰禪師曾經寫了一首詩，來表達他對這則故事的看法：

採藥與用藥，相逢一會家；
殺人活人不眨眼，白玉無瑕卻有瑕！（同前引）

其實，文殊的話再明白不過了，其中哪有什麼故弄玄虛之處呢！因爲，殺人的藥往往也是活人的藥呀！而活人的藥，又何嘗不會成爲殺人的藥呢？

許多修道路上的行者，由於認賊作父，把有形的假佛視爲眞佛，把落入時空中的僞理看做眞理；他們放下了許許多多的世間名利，卻又挑起一擔又一擔的包袱。於是，雖然僅僅放不下的是那麼一丁點的假佛與僞理，他們就像服了砒霜的劇毒一般，成了修道路上的孤魂野

鬼！

另一方面，那些能夠否定、再否定，放下、再放下的人們，雖然看似服下了劇毒的烈藥，卻又死裏逃生。而死裏逃生的性命就更加珍貴了，因爲俗話說得好：「大難不死，必有後福」啊！

83　文殊藥草

牛過窗櫺

溈山靈祐禪師曾告訴他的門人說：「老僧百年之後，向山下的農人家裡投胎做一隻水牯牛，左脇下長了個胎記，寫著一行字：『溈山僧靈祐』！這時，如果你們說這是一隻小牯牛，但他脇下明明寫著『溈山僧靈祐』；反過來，如果你們說牠是老衲本人，但牠明明又是一隻水牯牛！請問各位，到底應該怎麼稱呼牠才對呢？」

顯然，水牯牛是一個象徵的概念，代表了眞理，也代表了體悟眞理的解脫者——溈山靈祐自己的眞實面目。

原來，每一個人都有靈與肉的兩面，有內在本質和外表形式的兩面。我們的髮型、膚色、穿著，乃至一顰一笑，都是肉體的部分，也是外表的形式；相反地，內心所感到的幸福、喜悅，乃至對眞理的體會，則是心靈的部分，也是內在本質的一面。但是，這兩方面——靈與肉、本質與形式，卻巧妙地結合在一起，成了水乳交融的狀態。例如，當你一顰或一笑時，雖是外表形式、肉體的動作，其中卻也隱含著內在心靈的感情。因此，靈與肉不可分割，本質和形式也不容易區分。

而象徵潙山靈祐之內在心靈的水牯牛——那是他的眞實的本質，自然也無法從他的外表的、形式的肉體部分區分開來了。然而，潙山卻要他的弟子們試著分辨清楚二者的不同。

潙山的要求顯然是沒有道理的。他的徒弟——仰山慧寂禪師，於是從衆僧當中走了出來，向著師父潙山的面前禮拜一番，然後一句話也不說地退了出去。(見《指月錄》卷十二)

仰山的禮拜和沈默，除了告訴我們靈與肉、本質與形式的無法分割，恐怕也告訴我們，眞正的潙山靈祐，既不在外在形式的肉體之上，也不在內在本質的心靈之中。而是二者的合一；不！更確切地說，是

超越了靈與肉之上！我想，芭蕉徹禪師的一首詩，可以證明這點：

不是溈山不是牛，一身兩號實難酬；
離卻兩頭應須道，如何道得出常流！（同前引）

溈山的問話，讓我想起了另外一則有關水牯牛的故事：

五祖山法演禪師常常問他的弟子說：「就像水牯牛過窗櫺，頭角、四蹄都過了，爲什麼只剩下尾巴過不去呢？」（見前書，卷二八）

和溈山的問話相同，法演的水牯牛也是心靈與眞理的象徵。然而，法演還更進一步地告訴我們，要把心靈與眞理，從束縛它的有形的肉體與外在形式當中抽離出來，就必須放下一切的執著，連小小的、不起眼的牛尾巴，也要不吝惜地否定掉！這樣，囚在牢裡多時的水牯牛，才能通過囚牢的窗子、出到室外，自由自在地悠遊於遼闊的原野之上！

有一次，法演拿著手杖，繞著走廊，邊走邊叫說：「有沒有人屬牛的呢？」他的弟子們都無法回答。他失望地自言自語說：「孫臏今日開鋪，更無一人垂顧；可憐三尺龍鬚，喚作尋常破布！」（同前引）

顯然，由於弟子們的不能體會師心，以致法演自嘲像是開了店鋪，卻又做了虧本生意的孫臏。孫臏是個大英雄，可惜英雄無用武之地呀！朋友們！你想成爲一個「屬牛」的人，甚至成爲一隻水牯牛嗎？你想讓孫臏的鋪子生意興隆，而不辜負這位大英雄嗎？那就丟掉你那撈什子牛尾巴，放下一切吧！

倩女離魂

唐人陳玄祐，曾經寫了一部名叫《離魂記》的小說，描述住在衡州的張鎰，生了一個女兒，取名倩娘。長大後，倩娘和表哥王宙——張鎰的外甥相戀。另一方面，張鎰卻把女兒倩娘許配給他人，王宙也因而被遣送到了他鄉。正在熱戀中的一對倩侶，硬生生地被拆散開，倩娘終於臥病在床，不省人事。

當王宙被遣送他鄉的時候，半夜，倩娘的靈魂脫離了生病的肉體，來到了王宙所搭乘的船上。王宙卻不知眼前的倩娘，只是她的靈魂；而倩娘自己，也不知自己已經離魂了。二人歡歡喜喜地來到了他鄉，共同生活了五年。

有一天，王宙帶著倩娘（的靈魂），回到了久別五年的故鄉，才知道自己心愛的倩娘已經臥病五年。再看看自己身旁的倩娘（的靈魂），發現她輕飄飄地走近了倩娘的病床邊，和臥病的倩娘合一了。而倩娘的病也不藥而癒了。

這確實是一個令人感動的故事，連出了家的五祖法演禪師也不例外！法演常常問他的弟子說：「倩女離魂，哪個是眞底？」（引見《指月錄》卷二八）哪一個是眞的倩娘呢？是臥病在床的那個？或是追隨王宙流浪異鄉五年的那個？是外在的肉體或是內在的心靈？是形式的或是本質的？

這些問題的徹底解決，即是人生哲理的全面體悟，也是自由自在地出入於有形與無形之間的解脫者了。所以，無門慧開禪師，在他的《無門關》當中，曾對「倩女離魂」這則故事評論說：「若問這裡悟得眞底，便知出殼入殼，如宿旅舍！」

也許，眞正自由自在的解脫者，是一個能夠拋掉有形身軀，自由出入殼門的人吧！因爲，有形的身軀不過是我人暫住的「旅舍」罷了！

水月小札 90

抛掉身軀的那一時刻，沒有世俗的束縛，沒有人群的拖累，寂寂然無有人間的喧鬧，就像久別重遊的故鄉，如茵綠草，在田園裡茂盛地茁長起來，充滿了無限的生機呵！這也就難怪爲什麼萬菴柔禪師會爲「倩女離魂」的這一意境大加讚美了：

憶昔春風上苑行，爛窺紅紫厭平生；

如今再到曾行處，寂寂無人草自生！（見《指月錄》卷二八）

91　倩女離魂

布袋下事

傳說五代的長汀子布袋和尚，是未來佛——彌勒菩薩的化身；這是因爲在他逝世前，曾經詠吟了一首詩，暗示他是彌勒化身的緣故：「彌勒眞彌勒，分身百千億，時時示時人，時人自不識！」（引見《指月錄》卷二）

布袋和尚顯然是一個喜歡吟詩、唱歌的僧人。有一次，他曾作了這樣一首美麗的雲遊詩：

一鉢千家飯，孤身萬里遊；
青目覩人少，問路白雲頭。（同前引）

他是一個肥肥胖胖的可愛僧人，背上永遠背著一個布袋。有一天，他連續作了許多首詩歌，其中有一首是有關布袋的詩：「我有一布袋，虛空無罣礙，展開遍十方，八時觀自在！」（同前引）這可見他背上的布袋，並不是一般普通的布袋，而是無有罣礙、超越時空之眞理、眞佛的象徵！這還可以從他所作的後面幾首詩歌看出端倪：

吾有一軀佛，世人皆不識，
不塑亦不裝，不雕亦不刻。
無一滴灰泥，無一點彩色，
人畫畫不成，賊偷偷不得。
體相本自然，清淨非拂拭。
雖然是一軀，分身千百億。（同前引）

有一回，他和平常一樣，背著布袋又到四處行脚去了。半路上，碰到了白鹿和尚。白鹿和尚指著他背上的布袋，問他說：「什麼是布袋？」布袋和尚一句話也不說，只把他背上的布袋拿了下來，放在地上。

原來，許多修道人，由於貪著美善的事物，常把佛陀、眞理當做

布袋一樣，抱在懷裡，背在肩上，不肯放下。這就像一個渡河的遊子，由於感念船筏能夠幫他安全地通過惡水，因此雖然人已上了對岸，卻依然背著船筏不肯放下一般的愚蠢。所以《金剛經》勸告我們，不但應該捨棄一切的「非法」（僞理），也應該捨棄一切的「法」（眞理）。經文說：「如來常說，汝等比丘，知我說法，如筏喻者，法尙應捨，何況非法！」

布袋和尙背上的布袋，既是「無罣礙」、「遍十方」、「八時觀自在」的眞佛與眞理，因此，自然不應被當做貪著而放不下的東西而背負著。這是爲什麼白鹿和尙問起什麼是布袋時，布袋和尙默默不語地放下布袋的原因。

然而，在放下一切，連眞佛和眞理都放下之後，會有什麼事情產生呢？是虛無的？或是無盡明月、無盡清風呢？白鹿和布袋兩位和尙之間的另一問答，可以告訴我們正確的答案：

白鹿問：「什麼是布袋（放）下事？」布袋一句話也不說地又背

起布袋，掉頭就走了！（見《指月錄》卷二）

朋友們！請注意布袋和尚的再次背起已經放下了的布袋。這是了解「布袋下事」的關鍵所在！

白鹿與布袋之間的對答，讓我想起了先保福禪師與布袋之間的另外一則故事；這兩件事情之間，顯然有某種必然的關連：

有一天，先保福禪師問布袋和尚說：「什麼是佛法的大意？」布袋和尚放下了背上的布袋，雙手叉在胸前，一句話也不說地站著。於是先保福禪師又問：「難道只有這樣，而沒有更進一步的境界嗎？」布袋和尚一聽，再次背起布袋，走了開去！（同前書）

顯然，在布袋和尚看來，所謂「更進一步的境界」，是再度地背起布袋，到處遊化去！然而，朋友們！當你放下一切之後，還能體會布袋和尚的「布袋下事」嗎？

合歡梧桐花

有一回，黑氏梵志雙手各拿了一朵合歡梧桐花，獻給了正在靜坐中的釋迦牟尼佛。佛微笑地對黑氏梵志說：「放下吧！」於是，黑氏梵志放下了他左手的那朵合歡梧桐花。佛看到這一情景，又說：「放下吧！」黑氏梵志又放下了右手的那朵合歡梧桐花。這時，佛又繼續笑著說：「放下吧！」黑氏梵志心存疑惑地向佛問說：「我已兩手空空，還叫我放下什麼呢？」釋迦半帶責備的口吻說：「我要你放下的，不是你兩手中的合歡梧桐花，而是你的感官所認識的外在世界，你能認識外在世界的感官本身，以及因爲認識而引生的心中情緒呀！」（見《指月錄》卷一）

原來，釋迦把那些能夠讓人引生煩惱的事物，分成了三類：①外在世界中的一切事物——六塵；②能認識外在事物的感覺器官——六根；以及，③外在事物與內在感官接觸之後所產生的情緒變化——六識。這三者都是令人執著、貪愛，令人引生煩惱，因此也必須放下的東西。

外在事物是令人貪著的對象，應該放下；感覺器官是貪著的橋樑，應該放下；而內心的喜惡變化，則是貪著的主體，更應該放下！所以，釋迦總結地說：「一時捨卻，無可捨處，是汝放身命處！」（同前書）

如果放不下，就像兩桶裝得滿滿的汚水挑成一肩，壓得人喘不過氣，好重呀！——那是背悟向迷的原因哩！所以，有人問蘊聰慈照禪師：「寸絲不掛，法網無邊，爲甚麼卻有迷、悟？」禪師回答說：「兩桶一擔！」（見《指月錄》卷二三）

然而，挑起兩桶一擔之後，如何放下兩桶一擔呢？放下了之後，又如何呢？

負柴上山

曾經有那麼一次，洞山曉聰禪師挑了一肩的木柴，步履蹣跚地爬上山去。半山腰，碰上了一個和尚，心中納悶地向禪師問：「山上到處都是木柴，你幹麼辛苦地從山下負柴上山呢？」洞山曉聰小心奕奕地放下肩上沉甸甸的木柴，反問說：「你懂了嗎？」和尚回答說：「不懂！」於是，洞山曉聰說：「我要挑上山去燒掉！」（見《指月錄》卷二三）

原來，一切貪愛、執著的煩惱，都像柴薪一般，需要眞理之火，才能焚毀。而且，煩惱從哪裡來，就必須讓它們回到那裡去！因爲，俗話說得好：「解鈴還需繫鈴人。」

因此，木柴從山上來，就讓木柴回到山上吧！這應該是洞山曉聰所以負柴上山的原因。而放下也好，燒掉也好，無非都是通往拋棄重擔、自求解脫的道路罷了！

但是，問話的和尚似乎並不了解洞山曉聰的用意。他們之間談了許多，卻是話不投機半句多呀！

石林鞏禪師曾用下面的詩句，評斷兩人之間並不投機的對話：

柴火煎熬擔在身，相逢路狹不堪論；

淡煙落日青山外，滿地難收刀斧痕！（同前引）

可嘆呀！洞山曉聰的辛勤砍柴和負柴上山，並沒有得到應有的回報。白白留下了山下林木刀斧的痕跡。可憐的林木被犧牲了，禪師的汗水白流了。他真是寂寞的老英雄呵！

碾損師脚

住在五台山上的隱峯禪師，是馬祖道一禪師的徒弟。有一次，隱峯推著一輛車子在路上走，遇上了坐在路旁休息的馬祖。馬祖看見隱峯推車過來，於是故意伸出兩腿擋住了車子的去路。隱峯把車子停了下來，向馬祖說：「師父！請把您的兩腿縮起來，我要推車過去。」然而，馬祖卻無理地說：「已展不縮！」隱峯一聽，也不管面前是自己尊敬的師父，就說：「已進不退！」二人於是僵持了起來。最後，隱峯打破了僵局，硬是把車子推了過去，因而碾損了馬祖的兩脚！

馬祖抱著損脚的疼痛，一跛一跛地回到了廟裡，把衆僧集合了起來，並到柴房拿來一把斧頭，大聲吼叫說：「剛才把老僧的兩脚碾損的人出來！」隱峯從容地打從衆僧當中走了出來，伸出了脖子，想讓

師父砍斷。馬祖見這情形，讚許地笑了笑，拋掉了手中的斧頭。（見《指月錄》卷九）

這則禪門故事，告訴我們許多東西：首先，寂寞的修道路上，必須勇猛前進——就像馬祖的「已展不縮」和隱峰的「已進不退」一樣！其次，若有什麼越軌之處，就應該勇於認錯——就像隱峰的碾損師脚，必須不畏人頭落地地勇敢承擔一樣！

然而，更重要的是，禪門人物，在粗暴甚或血腥當中，卻隱藏著師徒間無比的寬容與溫馨！相信這是禪門之外的其他中國文化所欠缺的要素吧！

中國文化的「正統」之中——特別是宋明以來的儒者，老師與弟子之間，存在著上與下的不可逾越的鴻溝，其中只有權威與景仰，甚少寬容與親情。而在禪門，卻處處可以聞到打破權威、不拘教學形式的馨香；「碾損師脚」只不過是衆多例子當中的一個罷了。

大雄山下有大蟲

有一天，黃檗希運禪師從外面回到寺裡來，他的師父——百丈懷海禪師問他說：「你從哪裡回來？」黃檗回答說：「我剛從大雄山下採了一籃子的香菇回來。」百丈又說：「聽說大雄山下有一隻大蟲，你看見了沒有？」黃檗聽了，做出惡虎撲羊的模樣，並裝出老虎的叫聲。百丈拿起身邊的一把斧頭，裝做斫殺老虎的姿勢；而黃檗卻出其不意地打了百丈一記耳光。被弟子打了一記耳光的師父——百丈，不但不生氣，反而哈哈大笑地回到了自己的寮房去了。（見《指月錄》卷九）

原來大雄是釋迦的別號，大雄山不過是象徵眞理流行、眞佛棲息的地方；而老虎或大蟲，顯然是棲息、流行在這清淨地域的眞理或眞佛了！百丈問他的弟子——黃檗：「見到了眞理、眞佛了沒有？」黃檗的虎勢、虎聲，則顯示他自己已是一個見到眞理、眞佛的解脫者了。

而最值得讚嘆的是，禪門中師徒之間的不拘形式而沒有外表的尊卑之分；弟子的打耳光，師父的哈哈大笑，意味儘管深遠，卻依然掩不住師徒間恰如春風一般的親情。

這一天，百丈一直留在寮房「養傷」，直到大衆聚集禪堂共修的時刻，百丈才說：「各位！大雄山下有大蟲，老僧今天還被咬了一口，大家小心點！」（同前書）

百丈在禪堂中的有感而發，不過是再一次地肯定黃檗是一隻「大蟲」罷了！而這一隻大雄山下的大蟲呀！你不但要咬下山河大地，咬下一切萬物，也要咬下祖師和佛陀。

祖師和佛陀是過往古人，山河大地是身外之物，二者都像煙雨濛濛中的幻事，能咬下也罷，不咬下也無可奈何吧？而最最咬不下的是，親如父母的師父呀！

朋友們！你願意學習大雄山下的那隻大蟲，咬下親如父母的師父嗎？

野狐禪與赤鬚胡

百丈懷海禪師在禪堂裡開示大衆的時候，每每會有一個老人，獨自一人坐在角落裡默默聽講。

有一回，百丈開示完畢，大衆都已散去的時候，老人仍然默默靜坐，不肯離開。百丈好奇地走過去，問說：「你是什麼人？爲什麼不肯離去？」老人這時開口說：「我不是凡人，而是野狐的化身！在很久很久以前，迦葉佛的時代，我就住在這座山上修行。當時，我有一個徒弟，問我說：『一個大修行者，會不會落入因果的網絡當中，而受輪廻之苦的折磨？』我回答說：『不會！』我現在知道當時說錯了話，因爲從此我就墮入野狐狸的輪廻之中，不得超生，一直到現在，已經五百世了！」（見《指月錄》卷八）

原來，釋迦宣說的道理之一，是因果報應的輪迴道理。爲惡的人，落入畜生、餓鬼、地獄的惡道之中輪廻；反之，爲善的人，則落入人、天的善道之中輪廻。只有修行的人，才能超脫善、惡兩道的輪廻之苦，進入寂靜、清涼的解脫境界。

但是，所謂超脫輪廻，是否意味著從此不在人、天乃至地獄之中呢？如果答案是肯定的，那麼，人間不再有佛陀，天上不再有佛陀，畜生、餓鬼、地獄之中也不再有佛陀了！

人間不再有佛陀，誰來平撫人間的災厄呢？天上不再有佛陀，誰來消弭天上的奢華呢？而地獄之中不再有佛陀，誰來超拔地獄的苦難呢？事實上，佛陀無所不在；祂雖超脫了人、天、地獄的輪廻之苦，卻又永遠在於人間，在於天上，在於地獄之中！因此，一個大修行的慈悲的佛陀呀！是必須和我們凡夫一樣，落入輪廻的因果網絡之中呵！

而那個在迦葉佛時代就已住在山上修行的老人，竟然會說大修行

者不落因果，難怪因而五百世墮入野狐之身，不得超脫呀！

超脫輪迴，既然並不意味著不在人間、天上和地獄之中，那麼，它是什麼意思呢？老人和百丈的另一問答，可以爲我們揭開謎底：

老人問：「禪師！既然不落因果是錯誤的答案，請問正確的答案是什麼？」百丈答：「不昧因果！」（同前書）

不昧，是不被迷惑的意思。我們每一個人都在生、老、病、死的因果網絡當中，都在輪廻的苦海當中，因此，我們並不是不落因果，相反地是落入因果。但是，我們卻可以透過對於眞佛的體認、眞理的了解，而不受因果網絡的迷惑與愚弄。這即是百丈所說的「不昧因果」。

絕大多數的人，不但落入因果的苦海之中，而且還受到因果之苦海的迷惑與愚弄。他們喜於生而畏於死，不知所畏之死來自於所喜之生；要想沒有死果，就必須斷盡生因。而生因豈是容易了斷的嗎？要了斷，就必須體悟眞佛、眞理的所在！

百丈回答了老人的問題，老人一聽，茅塞頓開，悲喜交加地說：

「謝謝禪師指點迷津！我已超脫野狐之身了！明天寺後那座山崖下，有一隻狐狸的屍體，就是我投胎轉世的證明。請您當作您弟子的屍體一樣，把它掩埋了吧！」老人說完話，就不見了。

第二天，百丈率衆來到山崖下，果然有隻狐狸的死屍。百丈命人把它埋葬後，弟子黃檗問說：「師父！如果五百世前，這隻野狐沒有答錯話，請問他現在應該在哪裡？」（同前書）

五百世前沒有答錯話，表示他是一個已體悟眞理的解脫者。而解脫者與佛一樣，超越時空的限制，怎麼能問他在哪裡呢？——事實上，黃檗問了一個沒有道理的問題！這一問題就像問說「燭火熄了，熄到哪裡去？」一樣的沒有道理！（南傳《涅槃經》裡，阿難尊者曾問釋迦死後到哪裡去？釋迦就用燈滅爲喩，指出這一問題的荒謬。）

百丈原想責打黃檗一頓，處罰他的問錯問題。於是對黃檗說：「你靠近一點，我告訴你！」黃檗並不是一個簡單的人物，他自然知道自己問了一個錯誤的問題，不免要遭到百丈的一番打罵。但是，他還是

勇敢地走了過去，出其不意地打了百丈一記耳光！被打了耳光的師父不但沒有生氣，反而笑嘻嘻地讚許說：「將謂胡鬚赤，更有赤鬚胡！」（同前書）

百丈的讚許，字面的意思是：「我原本以爲只有胡人（指達摩祖師）的鬍鬚是紅色的，沒想到還有另一個紅鬍鬚的胡人！」達摩是值得尊敬的祖師；而另一個達摩——黃檗，也必定是值得尊敬的；因爲他竟敢摑打師父。朋友們！試著去做一個摑打師父而卻被師父讚許的「赤鬚胡」吧！

自從一喫馬祖踏

禪門中，師徒之間的親情，不但表現在弟子對師父的無所畏懼，也表現在師父對弟子的因材施教、不拘形式。馬祖道一禪師與水潦和尚之間的一段往事，就是無數實例當中的一個：

水潦和尚，有一天，問馬祖說：「師父！什麼叫做祖師西來意？」馬祖一聽，不分青紅皂白，就把水潦踢倒在地，然後用脚踩住他的胸膛。奇妙的是，水潦竟然因而大澈大悟！他從地上爬了起來，拍著雙手，哈哈大笑地說：「太奇妙了！太奇妙了！千千萬萬、無量無邊的禪定工夫和美妙道理，全部集中在一根毫毛的上面了！這根毫毛是全體宇宙的根源呵！」（見《指月錄》卷九）

馬祖看來是一個粗暴性格的禪師，他喜歡用棒子打人，也喜歡開口罵人；但是這回他既不用棒，也不開口，而是把人踢倒、把人踩倒！他這粗暴的教學方法，竟然也能使得水潦大澈大悟了！禪門中，師徒間的種種行狀，眞是出人意外，令人無限讚嘆呀！

原來，「祖師西來意」是一則禪門流行的「公案」。表面上水潦所問的是：「達摩祖師從西域來中國的意旨是什麼？」但是，實際上，這「意旨」即是眞理與眞佛的表徵，也是見到眞佛、體悟眞理之解脫者的光明心境。然而，眞佛與眞理，以及解脫者的心境，可以用普通的日常語言來詮述嗎？是一般尚未見到眞佛、體悟眞理的人所能理解的嗎？馬祖的一語不發和踢倒、踩倒水潦的懲罰方式，已經足夠告訴我們答案是否定的。所以，唐代的瘋顚禪僧——寒山，曾經描寫他的解脫心境說：「吾心似秋月，碧潭清皎潔，無物堪比倫，教我如何說！」這首詩，意味著眞理、眞佛以及體悟了它們的解脫者的心境，乃是不可說不可說的。

馬祖的教學方法是奇特的，而水潦開悟後的心境也是奇特的。在

這奇特當中，似乎不僅僅顯示禪門的怪異；因爲，事實上，在充滿了怪異、詭譎當中，還有無窮的幸福與快樂呵！所以，當水潦臨終前，曾告訴他的徒衆說：「自從一喫馬祖踏，直至如今笑不休！」（同前書）

113　自從一喫馬祖踏

入也打·不入也打

有一回，一個和尚來參禮馬祖道一禪師，馬祖在地上畫了一個圓圈，並說：「入也打，不入也打！」

在禪門，任何兩極端、相對待的概念，都必須加以否定、超越，才能達到絕對眞理的境地。而圓圈的內與外，正是這種兩極端、相對待的象徵。因此，進入圓圈內固然要打，執著圓圈外也同樣要打。只有超越了圓圈的內與外，才是絕對眞理的所在！

參禮馬祖的和尚，看見地上的圓圈，就好奇地走了進去，於是，馬祖拿起棒子劈頭就打。被打疼的和尚大叫說：「師父千萬不可再打弟子！」馬祖這時才停下手來，進入室內休息去了。（見《指月錄》卷五）

也許，會有好奇的讀者問說：「如果那個挨打的弟子，迅速地跳出地上的圓圈，那麼，馬祖會不會繼續打呢？」史書上並沒有記載這件事情，但是，讀者們不妨試試看，保險挨打！

又有一回，另外一個和尙問馬祖說：「請問什麼是祖師西來意？」馬祖拿起棒子，一邊打一邊說：「我若不好好打你一頓，天下人都要取笑我了！」（同前書）

這回，馬祖並沒有設下兩極端、相對待的概念陷阱，讓他的弟子掉了進去；但是，兩人討論的問題仍然是：絕對眞理——「達摩祖師從西域來的意旨」，到底在哪裡？而馬祖的打罵教育，明白地告訴我們，絕對眞理存在哪裡的問題，並不是一般思惟或一般語言所能臻及或描述的。

絕對的眞理是超越時間與空間的；而我們的一般思惟和語言，卻是時空當中的產物，所以無法描述絕對眞理的存在狀況。先是在時空當中有了花朶，有了紅色的事物，才有「花朶」和「紅色」這兩個詞

語；其他像「桌子」、「木頭」等等詞語亦是如此。所以，日常的詞語無法描述超越時空的絕對眞理。

而絕對眞理雖然就在花朵、桌子、紅色、木頭等等事物之上，但是，任何時空中的事物卻無法侷限絕對眞理的存在情況。因此，花朵並不是絕對眞理，桌子並不是絕對眞理，乃至紅色、木頭等等時空中的事物也並不是絕對眞理。同樣地，圓圈內與圓圈外，也都不是絕對眞理。這是爲什麼日常語言無法描寫絕對眞理的原因，也是馬祖之所以責打弟子的原因。

然而，朋友們！如果馬祖的弟子既不走入圓圈內，也不走出圓圈外，而是站在圓圈的線上時，馬祖打或不打呢？如果打，是爲了什麼？如果不打，又是爲了什麼？

117 入也打・不入也打

打地和尚

有一位住在忻州的和尚，不知何許人也。自從他在馬祖道一禪師那裡，獲得心靈的開悟之後，就一句話不說。每次有人請教他有關禪學的道理，他就拿起棒子打地，所以人稱「打地和尚」。

有一天，來了一個和尚，這位和尚心想：「禪師一句話也不說，問他任何問題他都只用棒子打地。現在待我問他一個問題，把他的棒子事先藏了起來，看他開不開口說話？」

於是，這個和尚按照計劃進行，把棒子藏好，隨便問了一個問題，結果這位打地和尚發覺棒子已經不見了，卻又堅持不開口的原則，因此，只好張開他大口，但卻仍然不發出聲音來！（見《指月錄》卷九）

原來，在我們的日常事物當中，凡是難以理解或太過美妙的事物，我們都會感嘆它們的「不可說」、「不知怎麼說才好」，這是因爲語言的極限所致。同樣地，在禪門當中，凡是超越時空的絕對眞理，也都採用「不可思議」、「不可說」的方式來讚美；這同樣是因爲語言的極限所致。所以，老子《道德經》說：「道可道，非常道；名可名，非常名。」而《金剛經》也說：「如來所說法，皆不可取，不可說。」我想，這是爲什麼打地和尙只肯打地而不肯說話，乃至只願張口而不願出聲的原因吧！

那個藏起棒子問話的和尙，見到打地和尙只願張口、不願出聲的情形，就轉而請教打地和尙的一個弟子說：「你師父爲什麼只肯打地，不肯說話呢？」打地和尙的弟子一句話也不說地拿起竈內的一片木柴，丟入無脚鍋中去烹煮！無疑地，他的意思是，打地的目的，是希望把煩惱打得死寂，就像要把代表煩惱的木柴煮得稀爛一般！（同前書）

然而，這位弟子的一連串複雜的動作，依然是表達思想的「肢體

語言」，不免有落入言詮之嫌；比起師父——打地和尚的只顧著打地，可說煩瑣許多。因此，無疑地，其「不可思議」、「不可說」的意境，和其師父的意境，簡直不可同日而語！難怪妙喜禪師批評說：「養子不及父，家門一世衰！」(同前書)

121 打地和尚

黃葉隕時風骨露

有一次，趙州禪師問他的弟子——大慈寰中禪師說：「般若的本質是什麼？」身爲弟子的大慈不但不回答問題，反而把同一問題拿來問他的師父——趙州說：「般若的本質是什麼？」趙州哈哈大笑地走了開去。

第二天，正當趙州掃地的時候，大慈又把昨天的問題，拿來問趙州說：「般若的本質到底是什麼？」趙州丟下掃帚，拍手哈哈大笑地回到了自己的寮房裡去。（見《指月錄》卷十一）

後來，當大慈已經成爲一個大禪師時，就對他的弟子們說：「你們不管問什麼問題，我都不會回答你們！我只會診斷你們得到的是什麼疾病而已！」

這時，有一個和尚從大衆當中走了出來，想要提出心中的疑問。

大慈一見，一句話也不說地走回自己的寮房去了。（見前書）

原來，「般若」是智慧的梵音。智慧是心靈顯發出來的火花和光芒，眞理是它所要體悟的對象。而眞理無形無相，無所不在而又無所在；體悟眞理的智慧因此也是無形無相，無所不在又無所在。無形無相、無所不在而又無所在的般若智慧，怎麼可能在語言的一問一答當中呈顯出來呢？這是爲什麼趙州和大慈之間笑而不答的原因，也是爲什麼大慈只會看病而又不肯回答問題的原因。

般若智慧不但是眞理的體悟者，也是煩惱病的洞察者。當智慧的火花點燃時，就是煩惱斷盡時。而煩惱像是秋天的黃葉，未凋落時掛在樹梢，障礙新芽的萌發，像山一樣的沈重呵！但是，當它凋落時，卻又輕如鴻毛一樣地飄盪，時而在水邊，時而在地角，時而在天涯。只剩下那風骨嶙峋的枝幹，浸沐在和風當中，粼粼泛著般若的光芒！

這樣的風光，我想只有虛堂愚禪師的詩歌，才能表達於萬一了：

輕如毫末重如山，地角天涯去復還；
黃葉隕時風骨露，水邊依舊石斕斑！（同前書）

摘楊花與偷趙州筍

有一天，一個和尚向趙州從諗禪師辭行，趙州說：「到哪裡去？」和尚說：「到各地去參學佛法。」趙州說：「那麼，我給你臨行前的幾句勸告：有佛陀的地方，千萬不要停留；沒有佛陀的地方，要趕快離開。走了三千里之後，不管碰到什麼人，都不可說錯話喔！」和尚說：「那我就不離開這裡好了！」趙州說：「既然不離開這裡，那就摘楊花去吧！摘楊花去吧！」（見《指月錄》卷十一）

趙州的臨別贈言，顯然在告訴那個存有異心、試圖離開師父、另求發展的和尚：修行人在解脫的道路之上，必須遠離、超越有佛與無佛的兩極端，這樣，才能在三千里外獲得解脫的成果。因爲，眞理和眞佛，既不在世俗的「有」中，也不在世俗的「無」中，而是超越了

「有」與「無」的矛盾與對立。而當和尚初步了解趙州的苦心之後，趙州則告訴他：最高的修行方法就在摘楊花上，因爲眞理與眞佛雖然並不侷限在楊花之上，卻也離不開楊花之上！

有個名叫徑山杲的禪師，看了趙州的這則故事之後，寫了一首有趣的打油詩說：

有佛處不得住，生鐵秤錘被蟲蛀；
無佛處急走過，撞著嵩山被竄墮；
三千里外莫錯舉，兩個石人相耳語；
恁麼則不去也，此話已行遍天下；
摘楊花摘楊花，唵囉呢嗟哩吽嗳吒！（同前書）

顯然，「生鐵秤錘被蟲蛀」和「撞著嵩山被竄墮」，都是世間不可能的，這都表示不可思議的、超越世間的解脫境界。一個能夠不住著在「有佛」和「無佛」之下層境界的人，自然超昇到不可思議的解脫境界了。一個能在修行之路的三千里外不說錯話的人，自然也就證入

「石人相語」之不思議的解脫境界了！另外，最後的咒語，象徵「摘楊花」的修行工夫，深具廣大無邊的法力：可不是嗎？一個修道者，若能鍥而不捨的摘楊花，他必定能夠親見眞佛、親見眞理呀！

趙州的「摘楊花」，讓我想起了有關他的另外一則故事：

有一天，趙州問一個老婆婆說：「你到哪裡去呢？」老婆婆說：「我要去偷趙州種的竹筍！」趙州說：「萬一你被趙州撞上了怎麼辦？」老婆婆一語不發地打了趙州一個巴掌。趙州轉身走回自己的寮房休息去了。（同前書）

有個瞎堂遠禪師，寫了一首詩，稱讚這則故事說：「去若丘山重，來如一羽輕：去來無別路，傾蓋白頭新。」（同前書）

「趙州（種的竹）筍」，顯然是一個象徵的語詞，代表了趙州所體悟的眞理或眞佛，也是已經解脫之趙州的化身。而所謂「偷趙州筍」，則表示老婆婆試圖去和這一眞理相契合。

然而，追尋眞理的道路是崎嶇而遙遠的，就如背負丘山一樣的辛苦。而當契入眞理的當下（亦即撞上趙州的那一刹那），才知道眞理乃空無所有而不可追尋呀！老婆婆的巴掌聲，不正泛著這一氣息嗎？

當契入空無所有的眞理之海以後，在返鄉的歸途當中，雖然背負著滿袋的、沉甸甸的趙州新筍，但卻充滿著豐收的無限喜悅。這情景，腳步也許是沉重的，內心卻如羽毛一般的快樂。到那時，說不定已是垂垂老矣！而你——朋友呵！能在六十年後、七十年後，或八十、九十年後的白髮之上，看出新鮮而又眞實的什麼道理嗎？

老婆心切

臨濟義玄禪師來到黃檗希運禪師的寺廟裡學禪，已經整整三年了。

有一天，師兄睦州問他說：「你在寺裡住了三年，有沒有請教師父什麼問題呢？」臨濟回答說：「還不曾去請教問題。」睦州鼓勵說：「那你還不趕快去請教師父，問他什麼是佛法大意？」

於是，臨濟提起勇氣，來到了黃檗的寮房，問說：「請問師父，什麼是佛法大意？」黃檗沒等臨濟把問題說完，一句話不說地劈頭就打。臨濟只好垂頭喪氣地退了出來。

睦州看見臨濟狼狽的模樣，就問：「你去請教師父，他有什麼反應？」臨濟一五一十地告訴了睦州。睦州安慰著說：「不要洩氣，你再把同樣的問題拿去問他！」於是，臨濟再次鼓起了勇氣，來到了黃檗的寮房；但是，結果仍是一頓毒打。像這樣，共有三次之多。

睦州關心地問臨濟說：「怎麼樣，師父告訴你答案了沒有？」臨濟苦惱地說：「唉！別談了！我三度問，三度被打。明天我準備去別的地方學禪了！」睦州勸慰說：「你要走，也要去向師父告訴一聲才好！」臨濟說：「好的！」

當天夜裡，睦州事先偷偷地來到黃檗的寮房，向黃檗說：「師父！我看臨濟師弟是一個可以造就之材，您就方便接引一番吧！」黃檗點頭，答應了下來。

第二天大早，臨濟來到黃檗的寮房辭行，黃檗說：「你也不必遠行，只要去參禮大愚禪師就可以了。」臨濟聽了師父的話，來到了大愚所住的寺廟。大愚問：「什麼地方來的？」臨濟答：「黃檗禪師那裡來的。」大愚又問：「你師父教導你什麼沒有？」臨濟把三度參問，三度被打的經過，報告給大愚聽。大愚聽完了，埋怨地說：「唉！你

師父實在老婆心切！他一直想幫你解決困難，自己幫不了，還叫我幫忙，眞是太過心急了！」臨濟一聽，大澈大悟起來了！脫口就說：「原來黃檗佛法無多子！」（見《指月錄》卷十四）

臨濟所說的「黃檗佛法無多子」，可以理解爲黃檗所傳的禪法很難，以致沒有多少弟子可以獲得益處；但也可以理解爲黃檗所傳的禪法，不過如此而已！

原來，臨濟所問的問題——「什麼是佛法大意？」是無法正面回答的問題。佛法的大意，即是眞理的本質；而眞理的本質，是無法用日常語言來描述的。這也是爲什麼臨濟三度參問，卻三度被打的原因。

臨濟開悟，說了「黃檗佛法無多子」之後，大愚用力抓住臨濟大叫說：「你這尿床的小鬼！剛才還愁眉苦臉的，現在卻竟敢說黃檗佛法無多子！你到底悟個什麼道理？快說！快說！」臨濟笑嘻嘻地在大愚的脇下打了三拳。大愚說：「你的師父是黃檗，跟我無關，回去！回去！」

臨濟回到了師父黃檗那裡，黃檗一見，便說：「這傢伙來來去去的，眞是囉哩囉嗦！」臨濟一聽，便接口說：「那是因爲老婆心切呀！」黃檗驚奇地問：「大愚禪師到底跟你說了什麼話？」臨濟報告了經過情形，黃檗就抱怨說：「大愚這老傢伙，眞是長舌！改天我一定好好打他一頓！」臨濟說：「還等什麼改天，現在就打！」說完了，打了黃檗好幾個耳光！黃檗說：「這傢伙大概是瘋了，敢在這裡捋虎鬚！」臨濟一聽，便大吼一聲。黃檗說：「徒弟們！把這瘋子叫去禪堂參禪去！」（同前書）

臨濟回來後和黃檗之間的一段對話，不過是師徒間彼此堪驗道行的方便罷了。而其中，最爲珍貴的，莫過於師徒間不拘形式、無所畏懼的親情。相信，這只有在禪門中才能找到吧！

大慧竹篦

大慧宗杲禪師，常常拿著一把竹篦，對他的弟子們說：「我手上這個東西，說它是竹篦嘛，委曲了它；說它不是竹篦嘛，又違背了它！實在無法用語言文字來描述它，卻又不得不用語言文字來描述它；實在不能夠用一般的心思來理解它，卻又不可以把它當做不存在的東西來看待。當我們把它高高舉起的時候，千萬不能把它扛在肩上。但也不可以拋開它很久很久，而不去管它。不可以像某些禪師，一聽到問題，就學女人走路的樣子，繞著禪床亂轉。也不可以一聽到問題，一語不發地拂袖而行。總之，不管你們怎麼樣回答，也不管你們有什麼樣的動作，都不允許！在這些條件下，請問什麼是竹篦呢？快說！快說！」（見《指月錄》卷三一）

顯然，大慧宗杲禪師手上的竹篦，是象徵性的東西。像這樣一個無法用任何語言文字或身體動作來描述的東西，是什麼呢？無疑地，那是絕對眞理的表徵。

當大慧宗杲說完了話之後，有個徒弟從衆人當中走了出來，想要回答「什麼是竹篦？」的問題。大慧宗杲沒等他開口，就把那個徒弟打了出去！（同前書）

又有一次，當大慧宗杲又把同樣的話說了一遍時，有一個大膽的徒弟，突然從人群當中衝出，搶走了大慧宗杲手上的那把竹篦，然後站在一旁吟吟地微笑。衆人心想，這下子師父可沒有表演的道具了！但是，只見大慧宗杲仍然不動聲色地說：「你以爲把我手上的竹篦搶走了，我就沒話可說了嗎？那你就錯了！你看，我還有拳頭呢！我這個拳頭，說它是拳頭嘛，委曲了它；說它不是拳頭嘛，又違背了它！你可以搶走我的竹篦，你搶得走我的拳頭嗎？」

這時，有個弟子說：「請師父放下拳頭吧！」大慧宗杲放下了拳

頭，說：「縱使我放下了拳頭，你以爲我就沒話可說了嗎？大家看看，門外有一根露柱，說它是露柱，委曲了它；說它不是露柱，又違背了它！它到底是什麼？你會嗎？你搶得了這根露柱嗎？」

大慧宗杲潤了潤喉嚨，又繼續說：「就算你把露柱搶走好了，還有山河大地在呀！你把山河大地說成是山河大地，那是委曲了它；你把山河大地說成不是山河大地，那又違背了它！那麼，什麼是山河大地的眞面目呢？你能回答嗎？你能把山河大地搶走嗎？」(同前書)

的確，超越時空，不可用語言、動作來描述的絕對眞理，不但存在於竹篦之上，也存在於拳頭、露柱乃至山河大地之上。你能從這無所不在的事物之中，體悟無所在的絕對眞理嗎？

而這一切體悟竹篦之本來面目的艱辛過程，也許只有在禪門師徒間，搶搶奪奪、不拘形式的教學方法之下，才能完成吧！

135 大慧竹篦

夜夜抱佛眠

善慧大士——傅翕，是一個六朝時代的奇人。有一次，梁武帝蕭衍請他到皇宮中吃飯，善慧頭戴道冠，身著僧袍，腳穿儒鞋，就進宮赴宴去了。武帝見他奇裝異服，非僧非俗，驚訝地問說：「你是道士嗎？」善慧一語不發，指著他的僧袍，表示不是。武帝見他手指僧袍，就說：「那麼，你是和尚囉？」只見善慧又指指他脚上所穿的儒鞋，表示不是。於是，武帝又問：「那你是一個儒生嗎？」這時，善慧又手指他頭上的道冠，表示自己也不是儒生。——善慧大士傅翕，就是這麼一個奇怪的佛教居士！（見《指月錄》卷二）

有一天，他作了一首詩偈：「有物先天地，無形本寂寥，能爲萬象主，不逐四時凋。」（同前書）朋友們！這一先天先地，能做爲宇宙萬象之主人，卻又不隨著春、夏、秋、冬等四時生滅、運轉的東西，你知道是什麼嗎？——無疑地，那是無所不在而又無所在的眞理與眞佛呀！

還有一次，善慧大士又寫了另外一首詩偈！

夜夜抱佛眠，朝朝還共起。
起坐鎭相隨，語默同居止。
纖毫不相離，如身影相似。
欲識佛去處，祇這語聲是。（同前書）

善慧大士所抱的那尊與他夜夜入眠、朝朝共起，乃至身影不相離的佛，是什麼佛呢？無疑地，那不是外在的木佛、瓷佛或銅佛，而是內心深處的眞佛！

禪門中以爲，我們凡夫的心就是佛；這是因爲凡夫的心，雖然暫時被貪、嗔、癡等煩惱所覆蓋、染污，但其本質卻和佛陀的佛心沒有差別，乃是至眞、至善、至美的心。所以，《如來藏經》當中，釋迦曾

說：「我以佛眼觀一切衆生，貪、欲、恚、癡諸煩惱中，有如來智、如來眼、如來身，結跏趺坐，儼然不動。」可見，凡夫的心和佛菩薩的心，並沒有本質上的差異。凡夫的心就是佛心，衆生就是佛。這也是爲什麼善慧大士說他夜夜抱佛眠的原因。原來他所抱的佛，是他內心的眞佛呀！

然而，這尊內心裡的眞佛在哪裡呢？善慧大士在他的最後兩句詩偈當中告訴了我們答案：「欲識佛去處，祇這語聲是。」也就是說，說話的聲音就是眞佛的所在，就是眞理的顯現。因爲，說話的聲音，乃是我們像佛一樣的內心所發出來的「心聲」呵！

其實，眞佛的所在，眞理的流露，豈是僅止於說話的聲音呢？睡眠、起床、洗面、啜茶，無非都是不可思議之眞佛與眞理的顯現呵！這一不可思議的顯現，就像大海上有紅塵的飛揚、平地裡有波濤的洶湧一樣的神奇而不可思議呵！所以，當保寧禪師看到了善慧大士的這首詩偈之後，忍不住就呵呵呵呵、囉哩囉哩地讚歎說：

139 夜夜抱佛眠

要眠時即眠，要起時即起，
水洗面皮光，啜茶濕卻嘴。
大海紅塵飛，平地波濤起，
呵呵呵呵呵，囉哩囉囉哩！（同前書）

鎮海明珠

《涅槃經》卷七說：「一切衆生悉有佛性。」卷十又說：「一切衆生同一佛性，無有差別。」受到這一思想影響的中國禪，更進而主張一切衆生本來是佛。所以，有一次當一個和尚問大珠慧海禪師：「如何是佛？」的時候，大珠回答說：「淸談對面，非佛而誰！」（見《指月錄》卷九）他的意思是：在我面前和我對談的人——問問題的和尚，就是佛呀！

一切衆生本來是佛，這是不錯的。問題是，這佛並不存在於手上、脚上，或任何有形的肉體和事物之上；而在內心的深處。所以，趙州從諗禪師曾說：「金佛不度鑪，木佛不度火，泥佛不度水，眞佛內裡坐！」（見《指月錄》卷十一）

禪門中，爲了闡揚這些道理，往往採用隱喻、象徵的語詞來詮釋。下面就是一個例子：

有一天，仰山慧寂禪師來到東寺如會禪師的寺裡參訪。東寺問仰山說：「你是什麼地方人？」仰山答：「廣南人。」東寺又問：「聽說廣南有一顆鎭海明珠，是嗎？」仰山答：「是呀！」東寺繼續問：「它長得什麼模樣呢？」仰山說：「它在沒有月亮的夜晚裡，就隱藏了起來；但在有太陽的白天則顯現了出來。」

原來，東寺禪師所說的「鎭海明珠」，就是每一個衆生都本有的那顆美善的、智慧的心，也是《涅槃經》中所說的「佛性」。這樣的一顆心——佛性，只有在像白晝太陽一樣光明的智慧的觀照下，它才會呈現出來；而在煩惱覆蓋，如黑夜一樣的迷惘之中，它就隱藏了起來。

東寺禪師又繼續問：「既然你承認有這樣的一顆鎭海明珠，你又知道它長成的模樣，那麼，你把它帶來了沒有？」仰山說：「當然帶來了呀！」東寺說：「那麼，你爲什麼還不把它拿出來給我看看？」

這時，仰山雙手叉在腰上，走近東寺的身邊，大聲說：「昨天我到我的師父溈山禪師那裡，他也和你一樣，向我要這顆鎮海明珠，但是反而被我弄得無話可說，無理可伸！你難道還要追問下去嗎？」東寺一聽，讚許地說：「嗯！你眞是一隻幼獅，吼叫的聲音還蠻大的！」

（見《指月錄》卷九）

朋友們！爲什麼仰山把那鎮海明珠隨身攜帶著來，卻又掏不出來呢？爲什麼當他不掏出這顆鎮海明珠時，卻反被東寺禪師讚美爲「獅子」呢？朋友們！旣然一切衆生都有佛性，爲什麼你不把自己的佛性呈顯出來呢？

143　鎮海明珠

無位真人

有一天，臨濟義玄禪師對他的徒弟們說：「有一個無位眞人，常常從你們自己的面門進進出出，你們知道嗎？」（見《指月錄》卷十四）

無疑地，臨濟所說的「無位眞人」，指的是超越了世俗階位的「佛性」或「眞心」。這一佛性（眞心）的作用，就是我們能看、能聽、能嗅、能嚐、能覺的精神作用。所以，臨濟說，這一「無位眞人」常常從我們的「面門」——眼、耳、鼻、舌、身等五官，進進出出。

臨濟說完了有關「無位眞人」的話之後，有個弟子從衆僧當中走了出來，向臨濟問說：「師父！什麼是無位眞人呢？」臨濟迅速地從禪床走了下來，粗暴地抱住那個弟子的身體，猛烈地搖撓，並厲聲說：「你說呀！你先說說看呀！」弟子試著要回答臨濟的命令，但是，臨濟

沒等他開口，就把他用力地推開，並大叫說：「無位眞人是什麼一種乾屎橛！」說完，就獨自回房休息去了。(同前書)

三、四十年前的臺灣農村，當經濟還相當落後的時代裡，人們常用田菁樹的樹幹，切成一段段的短木片，當做上廁所擦大便的用具；那就是臨濟禪師所說的「乾屎橛」。顯然那是一種最低賤而又骯髒的東西。但是臨濟禪師卻把人人本有的那顆至善至美的眞心——佛性，說成是這種低賤、骯髒的乾屎橛！他不過是在強調應該放下一切，哪怕是至善至美的佛性也不可執著呀！

原來，至善至美的佛性——眞心，固然表現在我們的眼見色、耳聽聲、鼻嗅香、舌嚐味、身覺觸等現實的作用之上；但是，眼見色等現實的作用，豈能侷限我們至善至美的佛性和眞心呢？

神會的佛性

中國禪宗第六代祖師——惠能禪師，在晚年的時候，曾經收了一個弟子——神會。有一天，惠能對他的門人說：「我有一個東西，沒有頭沒有尾，沒有名沒有字，沒有背沒有面，你們有誰知道它是什麼呢？」這個晚年的弟子——神會，從衆人之中走了出來，迫不及待地搶著回答說：「那是諸佛的本源，也是神會的佛性！」

事實上，神會的回答並沒有錯誤。佛性是眞理的個體化，呈現在每一生命的個體之中。那是人人本有，也是人人都可以成佛的依據。衆生如果少了這樣的一顆至善至美的眞心，就無法解脫成佛。

但是，惠能大師聽到了神會的回答之後，卻責備說：「不是已經告訴你沒有名沒有字了嗎？怎麼又說是什麼諸佛的本源、神會的佛性呢！你以後如果幸運一點，有一把茆草可以蓋座寺廟來遮遮風雨，也不過是個只知語言推敲，而不知體悟眞理本身的知解宗徒罷了！」（見《指月錄》卷四）

神會既然並沒有說錯話，爲什麼惠能卻責備他是一個「知解宗徒」呢？原來，人人本具佛性一句並沒有錯，錯在我們把佛性看做是一個有形有相的實體存在。每一個人的那顆至善至美的眞心——佛性，明明可以自覺得出來，但是，只要你用語言來詮述它，就不足以形容它的本來面目。這正是爲什麼神會宣稱無頭無尾、無名無字的東西是其佛性，而卻被六祖惠能責備的原因了。

磕破鐘樓

華林善覺禪師常常在夜晚獨自一人到林子裡面散步，而且，每走七步就把手上的錫杖抖一抖，然後唸一聲「南無觀世音菩薩」。

有一天，夾山禪師到山上來參訪華林，他向華林問道：「據說禪師常唸觀音菩薩的聖名，是嗎？」華林回答說：「是啊！」夾山又問：「當您騎在頭上唸觀音聖名時，怎麼樣呢？」華林回答說：「你能出頭，你才可以騎在頭上唸觀音聖名；如果你不能出頭，請問你騎在什麼頭上唸觀音聖名呢？」夾山聽了，默默地不說話了。（見《指月錄》卷九）

問問題的夾山和答話的華林，都沒有提到騎在什麼東西的頭上，無疑地，那是不重要的。因爲那可以是一匹馬的頭，也可以是一條牛的頭，甚至是一隻老虎的頭！重要的是你必須騎在牛、馬或老虎的頭上，你才能夠駕御牠呀！

你不但要騎在牠的頭上駕御牠，還必須讓牠「伸出頭來」，那才不致於遮住牠的眼睛、坐昏牠的腦袋，好讓牠能看清前路，不斷地往前行進！

許多口唸佛號的人，只知嘴巴唸唸有聲，不知自己唸的是什麼？也不知自己爲什麼要唸？像這樣地唸佛，儘管他一日夜間唸了千聲、萬句，卻像擁有百牛、千馬、萬虎，卻不知如何騎在牠們頭上駕御牠們一樣，有什麼作用呢？

有一次，又有一個和尙來禪堂參訪華林禪師。這一和尙才剛剛鋪好他的座位，華林就說：「等一下，等一下！」和尙說：「師父有何指示？」華林嘆息地說：「可惜呀！你這樣懵懵懂懂地，豈不是白白磕破鐘樓了嗎？」這一和尙聽了大悟。(同前書)

禮佛、參禪也和唸觀音聖名一樣，必須了解禮佛、參禪的意義，否則，即使用頭磕破了鐘樓，仍然還是凡夫一個罷了！

原來，眞正的佛，眞正的觀音，眞正的禪理，都在我們自己的心中，都是我們的眞心——佛性的流露。所以，《六祖壇經》說：「慈悲即是觀音，喜捨名爲勢至，能淨即釋迦，平直即彌陀。」內心的慈悲、喜捨、能淨、平直，就是佛菩薩呵！

唐朝有個宰相——裴休，當他還在觀察使任內的時候，有一天，來到了華林禪師所住的寺裡。裴休看到諾大的一座禪寺，只有華林一人，就好奇地問：「禪師沒有徒弟嗎？」華林說：「有一兩個，只是不能出來見客！」裴休更加好奇地說：「請禪師叫他們出來，讓我看看好嗎？」華林回頭向內叫著說：「大空，小空！出來見客！」只見兩隻老虎，一大一小地走了出來，嚇得裴休躲在牆角發抖！

華林見這情景，摸摸兩隻老虎的頭說：「乖！快進去！」眼看著兩隻老虎進了屋去，裴休才從牆角走了出來，又驚訝又讚嘆地問說：「禪師到底修什麼法門，感化了這兩隻老虎？」華林一聽，閉目不語。不久，華林張開了雙眼，問裴休說：「懂嗎？」裴休回答說：「不懂！」

華林搖頭嘆息說：「山僧常唸觀世音！」（見前書）

其實，華林所眞正修行的法門，並不是口唸觀音聖名，而是那閉目不語，不可說不可說的法門呀！我們每一個人都會口唸佛號，卻從來也不曾感動什麼兩隻貓或兩隻狗的，更不必說兩隻老虎了！而華林辦到了，證明他所修行的法門絕不是口唸觀音聖名。而裴休卻不瞭解華林閉目不語的深意，因此，華林只好退而求其次地說：「山僧常唸觀世音」了！

然則，那閉目而不可說不可說的法門，是什麼法門呢？

徧界不曾藏

依照禪門的哲學，以爲宇宙中的一切事物，都是我們每一個人至善至美的眞心——佛性的流露。例如，《六祖壇經》曾經記載惠能開悟時所說的幾句話，其中有一句是：「何期自性能生萬法！」而所謂「自性」，乃是「佛性」的別名。這一思想，也同樣具體地表現在下面這則故事當中：

有一次，石霜慶諸禪師正在窗下讀經，走過窗外的一個徒弟，隔著紙窗大聲地問著石霜禪師說：「師父！爲什麼我們兩人只有咫尺之隔，我就無法瞻仰您的尊容呢？」石霜在室內回答說：「徧界不曾藏！」（見《指月錄》卷十五）

從字面的意思看來，「界」是佛門中所說的欲界、色界、無色界等

「三界」，亦即全宇宙的意思。因此，所謂「偏界不曾藏」的字面意思是：偏整個宇宙，我（石霜）都不曾把自己藏匿起來！

這實在是一個難以理解的回答，問話的徒弟自然也不明白石霜的意思。於是，他就跑去問雪峯禪師。雪峯解釋說：「你師父石霜禪師的意思是：偏整個宇宙，到處都是石霜！」石霜的徒弟一聽，馬上就瞭解了。他興高采烈地回到石霜面前說：「師父！我懂您的意思了！您的意思是：宇宙中的萬事萬物都是您的眞心——佛性的流露。」石霜驚訝地問說：「你怎麼突然聰明起來了？」徒弟坦白地回答說：「是雪峯禪師告訴我的。」

於是，石霜跑到雪峯那裡，抱怨說：「你這老傢伙，幹嘛那麼死著急呢！」雪峯打躬作揖地笑著說：「老僧罪過！」（同前書）

原來，宇宙中的一花一草、萬事萬物，都是我們的眞心——佛性的顯發，石霜禪師的眞心——佛性，自然也不例外。因此，萬物都有石霜（的眞心——佛性）隱含其中。這自然是他所以回答「偏界不曾

藏」的原因了。

然而，這一道理必須用整個身家性命自己去體悟，而不是從東家師叔或西家師伯那兒去打聽來的。否則，告訴答案的東家師叔和西家師伯難免要成為「死著急」了。

百草頭邊祖師意

龐蘊居士是個有錢的員外，自從開悟後，就把財寶盡數倒入湘江，全家修行去了。他有一個女兒名叫靈照，一個兒子，加上龐夫人，一家共有四人，在鄉下種田修道。他曾經寫了一首詩偈，偈說：「有男不婚，有女不嫁，大家團欒頭，共說無生話。」（見《指月錄》卷九）

無生，是禪門的術語。禪門中，以爲一切宇宙中的事物都是我們至善至美、永恒不變之眞心——佛性的顯露，因此，一切事物也都具有至善至美、永恒不變的本質。永恒不變，在禪門中則用「無生無滅」或「不生不滅」來表達；而「無生」，不過是永恒或「無生無滅」的省語罷了。

有一個名叫無爲的居士，當他看了龐蘊的詩偈之後，也寫了另外

一首詩偈，偈說：「男大須婚，女大須嫁，討甚閒工夫，更說無生話！」（同前書）

龐蘊從肯定的立場，來說明「無生話」——一切萬物都是永恒不變的佛性思想；相反地，無爲居士卻從否定的、更加空靈的觀點，來掃蕩對於「無生話」的執著。

不管是肯定的立場，或是否定的觀點，畢竟都是落入是非的兩邊呀！什麼才是超越這兩邊的中道呢？沒有兒女之累的海印信禪師，對前面兩人的批評，相信是這一問題的答案：

我無男婚，我無女嫁，

困來便打眠，誰管無生話！（同前書）

的確，不管是肯定「無生話」的價值，或是否定「無生話」的價值，都是「管」無生話；只有把「無生話」的是是非非拋到九霄雲外，才能「不管」而獲得眞正的解脫自在！

又有一天，龐蘊深覺修道的辛苦、眞理的難尋，因此不禁發出嘆

水月小札 158

息說：「難！難呀！難得像十石油麻樹上攤呀！」龐夫人一聽，不以爲然地說：「易！易呀！百草頭邊祖師意呀！」（同前書）

「祖師意」是「祖師西來意」的省語，亦即：達摩祖師從西域來到中國的意旨。其實，這意旨即是絕對的眞理，也是「佛性」的思想。

龐蘊以爲這佛性的意旨難理解，困難得就像要把十石的油麻攤開在大樹上一樣！但是，龐夫人卻以爲佛性的意旨並不難體會，因爲萬物都是佛性的流露，一花一草的上面就有佛性的本質；因此，要想尋得佛性的意旨，可說易如反掌。

事實上，這只是就理論層面來說，想要體悟佛性的意旨並非僅就理論的分析即可達到，相反地，還必須透過德性的眞修實煉。因此，龐蘊的「難」，是就實際的修行而言；龐夫人的「易」，則是就理論的解析來說。二者不免落入「理」與「事」的勉強分割而不能合一。

因此，女兒靈照出來打圓場說：「也不難，也不易！饑來吃飯，睏來睡！」（同前書）

的確，要體會佛性的意旨——百草頭邊祖師意，說難卻不難，因爲處處都是佛性的顯發；說易卻不易，因爲如何體會處處顯發的佛性，並非僅憑理論的分析。也許，正如靈照所說的吧？佛性的意旨——百草頭邊祖師意，就在吃飯、睡覺等日常事物當中吧！

然而，我們難道不也是吃飯、睡覺嗎？我們如何才能把那隱藏在日常事物當中的佛性，呈現出來呢？

百年鑽故紙

古靈神贊禪師，原本在福州大中寺出家。後來因爲四處行脚，有幸遇上了百丈禪師教授他禪理，因而開悟解脫。

一日，神贊禪師回到了他出家的福州大中寺，他的師父問他：「你離開我這麼久，有什麼成就沒有？」神贊回答說：「並沒有什麼成就可說！」於是，師父命他到後院去做打雜的勞役。

有一次，師父命神贊替他洗澡擦背，神贊一邊擦一邊嘀嘀咕咕地說：「好好的一座佛堂，可惜呀！可惜！佛堂裡的那尊佛，一點都沒有靈光呀！」（見《指月錄》卷十一）

原來，神贊哪裡是「沒有什麼成就可言」！他的無所成就，不過是解脫者「一切皆空」的心境罷了！他在百丈禪師那裡開悟以後，就回到大中寺，一心一意想要度化他原來的師父，以報答師恩。他說的「佛堂」，就是我們的肉體——臭皮囊，他說的佛，就是臭皮囊中隱藏著的佛性。每一個人的臭皮囊中都有一尊天眞、本然的佛，神贊的師父自然也不例外。

神贊的師父必定是一個身體硬朗的和尙，所以神贊說那是一座好佛堂。但是，神贊的師父似乎是一個冥頑不靈的人，以致神贊感嘆佛堂內的那尊佛沒有一點靈光！

神贊一邊擦著師父的背，一邊嘀嘀咕咕地點化著師父，但是師父卻不理解徒弟的用心。師父聽他嘀咕，於是回過頭來，用責備的眼光，瞪了神贊一眼。神贊看見師父目光炯炯，又借機點化師父了：「雖說是沒有什麼靈光，但有時也會放出一點靈光呀！」

禪門以爲我們的一顰一笑，一舉手一投足，乃至山河大地的一花一草，都是佛性的流露，因此，師父的回首一瞪，自然也是天然佛所放出的靈光了。神贊是這樣老婆心切地想要度化他的師父，卻沒想到師父依然冥頑不靈，不能理解弟子的苦心。

洗完了澡，師父坐在室內的紙窗下，拿著一本又黃又破的經本在

苦思、研讀。這時，恰巧有一隻蜜蜂，從大門飛了進來，卻忘了來時路，試圖從紙窗飛出去。但是，雖說是一層薄薄的紙窗，對於一隻小小的蜜蜂而言，卻是怎麼鑽也鑽不出去啊！

神贊看了看師父苦思經文的神情，又看了看紙窗上那隻迷途的蜜蜂，有感而發地說：「世界那樣的廣闊，你不肯出去，卻在這裡拼命地鑽著黃紙，要到何年何月何日才能鑽出去呀！」說完了，神贊又咿咿呀呀地唱了一首歌：

空門不肯出，投窗也太痴，

百年鑽故紙，何日出頭時！（同前書）

這歌像是在罵蜜蜂，事實上卻是在點化師父。這回，師父聽懂了神贊的話，終於開悟了！

這則禪門的小故事，使我想起了詩人——何其芳的一首名叫〈醉吧〉的小詩，其中有一段描寫夢想著非份之物的蒼蠅說：

震懾於寒風的蒼蠅

撲翅於紙窗間，

夢著死屍，
夢著盛夏的西瓜皮，
夢著無夢的空虛。

我在我的嘲笑的尾聲上
聽見了自己的羞恥：
「你也不過嗡嗡嗡
像一隻蒼蠅。」

的確，一個步行在修道路上的行者，往往不是蜜蜂就是蒼蠅。他夢著非份的夢，以致迷失了路途。何其芳下結論說：

如其我是蒼蠅，
我期待著鐵絲的手掌
擊到我頭上的聲音。

何其芳是一個寧可死亡也不當蒼蠅的詩人。我們不必一定如此，但是，如何不去做一隻蒼蠅和蜜蜂呢？這確實是一個值得深思的問題！

庭前栢樹子

有一回，一個和尚問趙州從諗禪師說：「師父！請問什麼是祖師西來意？」趙州指著寺院庭前一株青青翠翠的栢樹說：「庭前栢樹子！」和尚不甚滿意地說：「師父！我問的是達摩祖師從西域來的意旨；這應該是內在的抽象眞理，師父怎麼拿外在境界中的一棵栢樹來回答呢？」趙州說：「好吧！你再重新問一次，我答應你，不拿外在境界中的事物回答就是了！」於是，和尚又把同一問題說了一遍：「什麼是祖師西來意？」趙州回答說：「庭前栢樹子！」（見《指月錄》卷十一）

從趙州兩次回答都是「庭前栢樹子」的事實看來，庭前那株栢樹，不但代表了外在境界中的事物，也同樣代表內在的抽象眞理。從禪門中的「佛性」的道理來說，內在的抽象眞理之體是「佛性」，是我們每個人都本有的一棵至善至美的眞心。反之，外在的一切境界，包括庭前那棵青翠的栢樹子，則全都是我們的眞心——佛性的流露。因此，這棵栢樹子，似乎是一個外在於眞心的境界，卻也是至善至美之眞心——佛性的象徵；它既是外境，又是內在的抽象眞理之體！

有一次，五祖法演禪師自言自語說：「什麼是祖師西來意呢？如果回答庭前栢樹子，那就錯了！那麼，什麼是眞正的祖師西來意呢？這回如果回答說是庭前栢樹子，那就對了！」(同前書)同樣是回答庭前栢樹子，一個說是外境，一個說是內理；一個說是對，一個說是錯。朋友們！你說到底是爲了什麼？

有一回，一個弟子請教葉縣的省和尚說：「師父！趙州庭前栢樹子的意旨是什麼？」省和尚說：「我待會兒不厭其詳地跟你解說，你會相信我說的嗎？」弟子說：「師父的話，弟子怎敢不信呢！」省和尚說：「外頭正在下雨，你聽到簷頭的雨滴聲嗎？」弟子內心豁然開

朗了起來，不禁失聲大叫了一聲：「哪！」省和尙問：「你內心悟個什麼道理，這樣鬼叫鬼叫的？」弟子於是唱了一首歌，做爲回答：

簷頭雨滴，分明歷歷，打破乾坤，當下心息！（同前書）

從這個例子看來，絕對的眞理——祖師西來意，顯然不只存在於庭前栢樹子之上，也同樣存在於簷頭雨滴聲之上！這是因爲萬物都是佛性的顯發呀！

又有一次，眞如院方禪師去參訪瑯琊禪師，瑯琊敎他一心一意參究趙州庭前栢樹子的意旨。一日，忽然大悟，於是直入瑯琊的寮房說：「師父！我懂了！」瑯琊問：「你懂什麼？說說看！」於是，眞如院方回答說：「夜來床薦煖，一覺到天明！」瑯琊點點頭，讚許了一番。（同前書）

167　庭前栢樹子

喫粥與洗鉢

有一天，趙州從諗禪師問南泉普願禪師說：「師父！什麼是道？」南泉回答說：「平常心是道！」

道，是指絕對的眞理，也是達到這一絕對眞理的方法。在禪門，那是至善至美之眞心——佛性，以及由它所流露出來的山河大地。因此，道在我們至善至美的心中，道在山河大地之中，道在一花一草之上。所以古德說：「百草頭邊祖師意！」

道既然在任何事物之上，因此，道並不一定是玄妙而不可高攀的東西。用我們日用的平常心，即能體會大道。這是南泉禪師所說「平常心是道」的本意。

趙州一聽「平常心是道」，就繼續追問：「道可以追求嗎？」南泉回答說：「一有追求的念頭，就反而無法體會大道了！」趙州不懂地問：「不去追求，怎麼知道眞有道存在呢？」南泉說：「道既不是用『知道』可以體會的，也不是用『不知道』可以體會的。『知道』或『不知道』，那是對於外在現象的理解；而絕對的眞理，卻內存於心靈深處。眞正的道，就像太空一樣的廣大而無障礙，不可以說它『知道』或『不知道』，也不可以說它『是』或『非』。也就是說，任何語言文字都無法用來描述眞道。」趙州一聽，開悟得解脫了！（見《指月錄》卷十一）

開悟後的趙州，謹記師父南泉禪師的教導——「平常心是道」，指示他的門人，在喝茶、吃粥、洗鉢等日常事物當中體會大道。

有一次，有個剛剛新來的弟子，前來參拜趙州，趙州問：「你來過這裡嗎？」新來的弟子回答說：「不曾來過。」趙州慈祥地說：「那麼，好好修行，喫茶去吧！」

不久，又有另一個弟子前來參拜，趙州又問：「來過這裡嗎？」

弟子答：「以前來過。」趙州依然慈祥地說：「那麼，喫茶去吧！好好地繼續修行！」

站在一旁一直觀察著的另一個和尚，好奇地向趙州問說：「師父！爲什麼新來和久住的師弟，您都叫他們喫茶去呢？」趙州彷彿沒有聽到這位和尚的問話，突然叫了一聲：「徒弟呀！」和尚應了一聲說：「弟子在！」趙州依然滿臉慈祥地說出那句老話：「喫茶去！」（同前書）

趙州喫茶的公案，無非告訴我們，不管是初學的新到僧，或是久學的老參禪者，都可以透過喫茶的日用工夫，來體悟深奧的禪理。因爲，「平常心是道」呀！

171　喫粥與洗鉢

鼓聲皷破我七條

有個和尚問雪峯禪師說：「什麼是觸目會道呢？」雪峯說：「天呀！天呀！」和尚不了解雪峯的意思，就跑去請教雲門文偃禪師。雲門回答說：「三斤麻，一疋布！」和尚聽了，還是不懂。於是，雲門又補了一句說：「再奉送你三尺竹！」（見《指月錄》卷二十）

原來，「觸目會道」的意思是：我們眼睛所接觸到的一切萬事萬物，都與眞理——「道」相契合。明顯地，這是「佛性」的基本思想。萬物都是佛性的表現，因此，萬物都是道。

萬物既然都是道，那麼，道就在「天呀！天呀！」的呼叫聲上，就在三斤麻、一疋布和三尺竹上。

有一天，雲門聽到了齋鼓的聲音，就有感而發地說：「鼓聲皷破我七條！」（同前書）七條，是僧人所穿的袈裟。絕對的眞理——佛性，流變出一切的萬物，就像齋鼓的咚咚之聲，滲入牆壁、樹叢、花間和七條當中一樣。宇宙中的每一塊牆磚，每一片樹葉，每一朶小花，都隱藏著至善至美的佛性眞理；就像鼓聲，聲聲穿透僧人的袈裟一樣！

雲門說了「鼓聲齩破我七條」之後，指著不遠處的一隻小貓，命令一個徒弟說：「把那隻貓抱過來給我！」等那徒弟把貓抱過來了，雲門又說：「你們說說看，齋鼓是什麼東西製做的？」徒弟們被他問了這個看來既簡單又無聊的問題，一時之間都愣住了，不知如何回答。於是，雲門自問自答地說：「齋鼓是用皮製做的。」（同前書）

事實上，佛性的絕對眞理，豈只是存在於三斤麻、一疋布、三尺竹和僧人的七條之上，它還存在於貓兒之上呀！豈只是存在於貓兒之上，它還存在於鼓皮之上呀！所以，雲門總結地說：「我常常說，一切聲是佛聲，一切色是佛色。整個大地是佛陀的眞身。大家不要胡思亂想！當你看到拄杖時，就把它叫做拄杖；看到房屋時，就把它叫做

房屋，不要歪曲它們！」（同前書）

一切聲是佛聲，一切色是佛色；而拄杖和房屋之上，難道就沒有絕對眞理的存在嗎？答案當然是肯定的。

我曾經讀過一首小詩，描寫無所不在的水聲，是穆木天的新詩作品——〈水聲〉，它不也正可以描寫無所不在的佛性眞理嗎？

水聲歌唱在山間
水聲歌唱在石隙
水聲歌唱在墨柳的陰裏
水聲歌唱在流藻的梢上
妹妹　你知道不
哪裏是水的故鄉
……
我們要找水聲到魚人的網眼

我們要找水聲到山間的泉源
我們要找水聲到海口的沙灘
我們要找水聲到那裡的江灣

我們要找水聲到稻田的溝裏
我們要找水聲到修竹的藪間
……

妹妹　水聲是否歌唱在你的眼尖
妹妹　水聲是否歌唱在你的胸膛
妹妹　水聲是否歌唱在你的髮梢
妹妹　水聲是否歌唱在你的鬢旁

妹妹　你知道不
哪裡是水的故鄉

哪裡是水的故鄉？哪裡是眞理的泉源呢？朋友們！

大千都是一繩床

一天，蘇東坡來到了雲居山了元佛印禪師的寮房裡參訪，佛印說：「我這寮房太小了，沒有地方請你坐！」蘇東坡開玩笑地說：「我就暫時借坐在您的身體上吧！」佛印說：「可以！不過，我有一個問題先請教你：你答對了就讓你坐，你答錯了就把你腰上的玉帶送給我！怎麼樣？」蘇東坡說：「好！一言爲定！您請提出問題！」於是，佛印禪師問說：「佛經說，一切萬物皆空，我的身體也是空。你說要暫借我的身體來坐一坐，請問你坐在哪裡？」蘇東坡一時之間不知怎麼回答，於是把腰上的玉帶解下來，送給了佛印；而佛印也脫下身上的僧袍，做爲交換的禮物。蘇東坡有感而發，寫下了下面的詩句：

病骨難將玉帶圍，鈍根仍落箭鋒機；

欲教乞食歌姬院，且與雲山舊衲衣！（見《指月錄》卷二四）

又有一次，當佛印禪師住在金山寺時，蘇東坡寫了一封信給他；信中說到近日內將到金山寺參訪，請佛印不必出山門迎接，學習趙州禪師不迎接燕、趙二王的精神。（同前書）

原來，燕、趙二王曾相約到趙州禪師那裡參訪，趙州留在寺中端坐不起。燕王見了，問說：「人間的國王尊貴呢？或者眞理之王尊貴呢？」趙州仍然端坐不起地回答說：「在人間，當然是人間的國王尊貴；但是，在眞理的國度裡，當然是眞理之王尊貴！」（見《指月錄》卷十一）

趙州禪師不但不迎送權貴，私下的生活也非常簡樸。他所住的寮房，只是一個篷子，沒有前後架；床鋪用山上砍下的木材和粗繩隨便綁起來。他就是這樣一個風骨岸然的高僧！（同前書）

蘇東坡寫給佛印的信函，正是激勵佛印學習這種精神。佛印接到信後，直接來到蘇東坡所住的地方迎接。蘇東坡笑著說：「信上不是

告訴您學習趙州的精神，不必來迎接我嗎？」佛印唱了下面這首歌，做爲回答：

趙州當日少謙光，不出三門見趙王；
爭似金山無量相，大千都是一繩床！（見《指月錄》卷二四）

蘇東坡曾經在東林寺夜住一宿，並且寫了一首讚佛偈，禮讚山河大地都是佛陀清淨的身體，萬籟之聲都是佛陀「廣長舌」講經說法的美妙音聲，他說：

溪聲盡是廣長舌，山色豈非清淨聲；
夜來四萬八千偈，他日如何舉似人！（見《指月錄》卷七）

可不是嗎？溪聲、山色都是佛性的呈現。而全宇宙——三千大千世界，不也是金山禪師——佛印的眞心，所顯露出來的一張繩床嗎？趙州不出山門迎賓，那麼，朋友們！佛印可曾經下過繩床迎賓嗎？

179　大千都是一繩床

烏龜變作鼈

在禪門中，大凡不可思議的美妙境界，常用矛盾的句法來表達。這是因爲一般正常的語言，實在不足以描述這一美妙境界的關係。所以，才不得已借用矛盾的句法來表達。下面就是一個例子：

月庵善果禪師有一次，對他的弟子們說：「心生法亦生，心滅法亦滅；心法兩俱忘，烏龜喚作鼈！」（見《續指月錄》卷首）

禪門以爲宇宙萬物——「法」，都是我們的佛性眞心所生起、所顯現。而眞心是無形無相的，所生起的萬法自然也是無形無相的。了解這一道理，就是不可思議的解脫者了；就像烏龜變成了鼈一樣地不可思議！

另外，松堂園智禪師有一次曾問他的門人說：「蘆花白，蓼花紅，

溪邊修竹碧煙籠。閑雲抱幽石，玉露滴巖叢。昨夜烏龜變作鼈，今朝水牯悟圓通。咄！」（見《續指月錄》卷首）

這是一首與月庵善果禪師之詩作具有相同意趣的禪詩。其中，「烏龜變作鼈」一句，不過是形容解脫時的美妙而不可思議罷了。而「水牯（牛）」的公案，我們已在前面談過，那也不過是象徵我們每個人本來具足的美妙眞心——佛性罷了。

體悟到「圓（滿）通（達）」境界的那隻水牯牛，在哪裡呢？那隻一夜之間從烏龜變成了鼈的水牯牛，到底體悟了什麼「圓通」的眞理呢？無疑地，那是「蘆花白，蓼花紅」乃至「玉露滴巖叢」的美妙境界呀！

焦尾大蟲・遼天俊鶻

遯庵祖珠禪師曾經對他的門人說：「不是心，不是佛，不是物。瀝盡野狐涎，趯翻山鬼窟。平田淺草裡，露出焦尾大蟲；太虛寥廓中，放出遼天俊鶻。呵呵呵，露風骨。等閒拈出衆人前，分明是何物？咄！咄！」（見《續指月錄》卷二）

原來，南泉普願禪師曾參訪過百丈涅槃和尚。百丈問：「從前的聖人，有什麼話是不可對人說的嗎？」南泉答：「有！」百丈又問：「什麼是不可對人說的道理？」南泉說：「不是心，不是佛，不是物！」百丈說：「既然是不可對人說的道理，怎麼你又說了一大堆呢？」南泉自認理虧，尷尬地說：「我只知道這樣，那和尚您的意見如何呢？」百丈說：「我又不是什麼大禪師，怎麼敢有什麼意見呢？」南泉納悶

地說：「抱歉！我不懂您的意思！」百丈說：「唉！我為你說太多了！」（見《指月錄》卷八）

禪門中，以為我們的眞心就是佛心，因此，南泉的師父—馬祖道一禪師，常對他的門人說：「即心即佛」乃至「自心是佛，此心即是佛心」。（見前書，卷五）

到了後來，馬祖道一又常常改口說：「非心非佛」甚至「非物」。因為，他以為，正面而肯定地說「即心即佛」，只是一種引導弟子入門的方便手段，就像拿黃葉當金片，哄哄啼哭中的嬰兒—「黃葉止啼」一樣。眞正的道理，應該是一切皆空的「非心非佛」，甚至是「非物」（不是物）才對。（參見前書）

南泉受教於馬祖，因此，當百丈涅槃和尚問他體會了什麼道理時，就不加思索地回答說：「不是心，不是佛，不是物！」然而，肯定的「即心即佛」不對，否定的「非心非佛非物」就對嗎？畢竟，絕對的佛性眞理是超越任何語言文字的描述的！因此，「非心非佛非物」的說

法，自然也是指引弟子的方便手段。南泉顯然還沒有體會這一點，因此受到百丈的一番教訓。

雪竇重顯禪師曾經寫了一首詩，用來評斷南泉的錯誤說：

佛祖從來不爲人，衲僧今古競頭走；

明鏡當臺列象殊，一一面南看北斗。

斗柄垂，無處討；

拈得鼻孔失卻口！（同前書，卷八）

雪竇的意思無非是：佛祖說法並不斤斤計較於肯定的「即心即佛」或否定的「非心非佛非物」，而是隨機應變，因材施教；但是古今的修行人卻在肯定與否定的兩頭之間，千般計較。這種錯誤就像不直接地觀察眞實的外境，卻透過鏡中的影子來探索世界的眞象一樣，以致把北邊的北斗星，錯以爲掛在南邊的天空中！事實上，絕對的眞理——北斗星，既不在肯定的一邊，也不在否定的另一邊，而是超越一切對立的無形無相的眞實。如果你體悟了它——「拈得鼻孔」，你就知道你實在無法描述它——「失卻口」。（按，有一弟子曾問南泉：「父母未生時，鼻孔在甚麼處？」南泉反問說：「父母已生了，鼻孔在甚麼處？」（見前書，卷八）可見，「鼻孔」代表絕對的佛性眞理。）

現在，讓我們再回頭看看遯庵祖珠禪師的那段話。一開頭，他就引了馬祖道一乃至南泉普願的「不是心，不是佛，不是物」的公案，然後評論說：「如果你能用否定的、一切皆空的態度，掃盡心中的妖魔鬼怪——野狐涎、山鬼窟，那麼，你必定能夠成爲像「焦尾大蟲」、「遼天俊鶻」一樣的偉大而自由自在！

遯庵禪師還寫有一首發人深省的詩歌：

玉露垂青草，金風動白蘋；
一聲寒雁叫，喚起未惺人！（見《續指月錄》卷二）

可不是嗎？美妙的絕對眞理，無所在而又無所不在地存在於青草、白蘋和寒雁的叫聲當中。然而，朋友啊！那一聲聲的雁叫聲，可曾叫醒過你？

牛帶寒鴉過遠村

傳說釋迦牟尼佛曾經有一次在靈鷲山上說法時，天上的大梵天王也下降到人間來聽法，並送了一朵金色的蓮花給釋迦佛。釋迦佛接過了這朵金蓮花，微笑著拿在手上把玩了一番。這時，會上有八萬四千弟子，都不知道釋迦佛的用意；只有大弟子摩訶迦葉尊者，頓時體會了釋迦佛拈花的意旨，於是也法喜充滿地跟著微笑了起來。釋迦佛看到迦葉跟著微笑，知道迦葉已經開悟，於是開口說：「吾有正法眼藏，涅槃妙心，實相無相，微妙法門，不立文字，教外別傳，付囑摩訶迦葉！」（見《指月錄》卷一）

這是一則記載於《大梵天王問佛決疑經》的有名的禪門公案，提綱挈領地敘述了禪門的中心思想。

禪門中，把絕對的佛性眞理，說成是「正法眼藏」或「涅槃妙心」。這一「正法眼藏」、「涅槃妙心」的佛性眞理，是一切事物的眞實本質——「實相」，因爲一切事物都是由它所顯露。一切具體的事物都隱藏著這一至善至美的佛性眞理，但是，這一佛性眞理卻不被任何具體的事物所侷限。所以說是「實相無相」。而且，由於佛性的眞理，雖然生起了萬物，卻不被萬物所侷限，因此，用來描寫萬物的日常語言，自然就無法描寫佛性的眞理。所以說它是「不立文字」。另外，釋迦所宣說的道理——（經）教，都是用日常的語言文字來表達的，因此也就無法正確無誤地傳播佛性的眞理。絕對的佛性眞理—正法眼藏、涅槃妙心，必須採用超越語言文字，超越一般經教的方法，才能傳達。而這一超越的方式，就是「拈花微笑」！

朋友們！在這神秘的一拈花、一微笑當中，千萬不要以爲有什麼「密傳」存在！佛陀是普度衆生的，哪有祕密不宣的道理存在呢！而佛性的絕對眞理——正法眼藏、涅槃妙心，不是人人本有，個個具足嗎？

山河大地中的一花一草，不是都是它的流露嗎？其中哪有什麼祕密可言！所以，足庵智鑒禪師曾經寫了一首詩，來宣說這種祕密中的無祕密；他說：

世尊有密語，迦葉不覆藏；

一夜落花雨，滿城流水香！（見《續指月錄》卷首）

可不是嗎？不可說、不可說的正法眼藏、涅槃妙心，就在落花雨上呀！那滿城的花香，你可曾聞到嗎？

這不可說、不可說的絕對眞理，彷彿在釋迦的拈花當中被宣說了，彷彿在迦葉的微笑當中被聽聞了。然而，既是不可說，那麼，釋迦在拈花中，又可曾宣說什麼？釋迦既然不曾宣說什麼，迦葉在微笑中，又可曾聽聞什麼？所以，《金剛經》中，釋迦曾說：「說法者，無法可說，是名說法！」在涅槃會上，釋迦臨終前甚至還說：「我說法四十九年，不說一字一句！」（見《指月錄》卷一）

肯堂彥充禪師必定深深體悟了這種說而不說、聞而不聞，乃至密而不密的道理，所以，他曾對他的弟子們說：「世尊不說說，迦葉不聞聞。」然後，手拿拄杖，在地上敲打一下，又繼續說：「水流黃葉來何處？牛帶寒鴉過遠村！」（見《續指月錄》卷二）

一切的萬事萬物，就像黃葉浮在溪水中，流自上游；就像寒鴉棲在牛背上，來自遠村；它們都是絕對眞理——正法眼藏、涅槃妙心的顯現。而那黃葉和寒鴉雖是處處可見，那上游的遠村呀！朋友們！你可曾去過？

大死去也

住在天童寺的雲外岫禪師，有一次，曾對他的弟子們說：「鬧市紅塵裡，有鬧市紅塵裡佛法；深山巖崖中，有深山巖崖中佛法。山僧昨日出城門，鬧市紅塵裡佛法一時忘卻了也！行到二十里，便見深山巖崖中佛法。大衆！且道如何是深山巖崖中佛法？」天童禪師說到這裡，默默不語也停了一會兒，然後接著又說：「白雲淡泞，出沒太虛之中；青蘿夤緣，直上寒松之頂！」(見《續指月錄》卷三)

可不是嗎？在世俗的鬧市紅塵裡，迎賓送客，攀親搭戚的，雖然滿口佛法，卻哪有什麼眞正佛法可言！只有在超越世俗的深山巖崖中，看到了出沒於太虛中的清淡白雲和攀緣在寒松上的翠綠青蘿，才有眞正的佛法呀！

然而，無所不在的佛性之眞理，難道只存在於深山巖崖中嗎？那些住在鬧市紅塵裡的人們，難道就無緣見到絕對的眞理了嗎？龍唐杜禪師的一段話，應該可以回答這個問題：「深山佛法，雲外一一發洩了也！且道如何是鬧市紅塵裡佛法？樓連湖野梅花弄，霽雪之天樂作行，譽鼓吹雜胡笳之曲！」（同前書）

是的，即使生活在熙熙攘攘的城市裡，只要心情平靜，仍然會有梅花弄和胡笳之曲呀！

天童岫禪師是一個不倨傲的高僧，他雖貴爲天童寺的住持，卻和寺中的弟子們共同吃飯。有一天，他問無印證禪師說：「天童今日大死去也！你怎麼救活我呢？」無印回答說：「和平常一樣，請您和大家一起吃飯呀！」（同前書）

原來，禪門所謂「大死一番」，可以是肉體上的死亡，也可以是內心煩惱的完全斷除而得解脫。而要斷除煩惱、獲得解脫，卻必須抱持著「平常心是道」的心情來修道，因爲眞理存在於平常的一切事物之

中。因此，和平常一樣地吃飯、睡覺，在禪門中，其實是最高的修行法門。

但是，這回，天童岫禪師似乎是眞的要去世了，因此，聽了無印的話後，又說：「天童今日大死去也，你不要救我喔！」無印這回顯然了解天童岫的意思了，於是回答說：「救你幹嗎？」天童岫又說：「天童今日大死去也，誰和我同行呢？」無印說：「師父您先死，我隨後就跟去！」天童岫聽了，哈哈大笑幾聲，就去世了！（同前書）

禪師們的視生死如遊戲，就是這樣，我們哪一天才能學得一分呵！

193　大死去也

造箇無縫塔

天童滅翁天目文禮禪師曾問一個新來的和尚說：「你叫什麼名字？」和尚說：「智虎。」文禮禪師聽了之後，後退幾步，做出害怕的模樣。和尚一看，就想說話，但是，文禮禪師沒有等到他開口，就獨自回房去了。（見《續指月錄》卷四）

原來，禪門中，大蟲或老虎，是絕對眞理或體悟眞理之解脫者的象徵，更何況是「智虎」呢！這是爲什麼文禮禪師裝出一幅害怕樣子的原因，也是他之所以一語不發地回房間去的原因。

文禮禪師是一個交遊廣闊的高僧，也是出入於儒、佛二家的學者。有一次，朱晦庵前來請教什麼是「毋不敬」的道理，文禮禪師雙手叉在腰上，一句話也不說，算是回答了朱晦庵的問題。又有一次，楊慈湖前來請教什麼是「不欺之力」，文禮禪師唱了一首歌來回答他：「此力分明在不欺，不欺能有幾人知？要明象兔全提句，看取升階正笏時。」（同前書）

朱熹問到如何尊敬——「毋不敬」的道理，文禮卻不禮貌地雙手叉腰，這似乎顯示禪者與儒者在性情上的不同。禪者重視個己生命的自在解脫，而儒者卻強調人間的禮節倫理。

楊慈湖問到誠實的力量——「不欺之力」，這原本也是屬於人間禮節倫理的問題，但文禮卻從禪門超越世俗的絕對眞理，來回答他。文禮以爲，宇宙中眞實不欺的力量，來自於佛性的絕對眞理——「象兔全提句」。這一絕對的眞理，雖是超越了世間的一切事物，但卻又呈顯在一切事物之上。因此，一花一草固然是「象兔全提句」，然而，對一個熱衷於仕途的儒者來說，上朝時手拿啓奏皇上的笏板上面，也同樣隱含著絕對眞理的「不欺之力」呀！

晚年，文禮禪師快要離開人間時，告訴他的侍者說：「我就要死

了！有誰能爲我建造一座無縫塔呢？」侍者不但一點也不悲傷，反而開玩笑地說：「師父能把無縫塔的模樣畫出來，弟子就爲您建造！」文禮禪師想了想，說：「我花盡力量，就是畫不出無縫塔的模樣來！」說完，文禮禪師就露出微笑地去世了！（同前書）

無縫塔，自然是象徵性的語詞，代表佛性之絕對眞理的境界，悟入這境界即是澈底的解脫者。文禮顯然自信自己已經體會了這眞理的境界，以致才會要求侍者替他安置在這一境界之中。

然而，絕對的眞理之境，豈是可以用一般的語言文字來描寫的？絕對的眞理之境——無縫塔，是無形無相的，當然也就描繪不得了！

禪師們的死亡，就是這般灑脫自在。無疑地，文禮已經端端正正地安奉在他說的無縫塔中。但是，朋友們！你可知道，既然是無縫的寶塔，文禮又怎麼進入的？

197　造箇無縫塔

來者不來者

徑山元叟行端禪師曾經問一個新來參禪的弟子說：「你是哪裡來的聖者？那裡來的靈祇？」新來的弟子回答說：「臨朕礁。」行端禪師一聽，就以責備的語氣說：「杜撰禪和，如麻似粟，到禪堂修行去！」（見《續指月錄》卷四）

原來，「臨朕礁」的「朕」字，是新參弟子的自稱，但也可以用來象徵他自己的本有佛性或所體悟的佛性眞理。這樣一來，所謂「臨朕礁」，指的是：臨近絕對之佛性眞理的山巖下。顯然，這一新參弟子，自以爲已是體悟了佛性眞理的解脫者了，以致於行端禪師才要責備他是一個自吹自擂的學禪人——杜撰禪和，並命令他到禪堂繼續修行。

又有一次，行端禪師對另一個弟子說：「現在暫且不去管它什麼

『擘開華嶽連天秀，放出黃河徹底清』！你只要平平實實地說出一句你參禪的心得就好！」這個弟子一聽，就想開口向行端報告參禪的心得。沒有想到，沒等他開口，行端就用力打了他一耳光！（同前書）

另外，還有一次，行端禪師又對一個弟子說：「棋盤石，磨破你的腦門；鉢盂池，浸爛你的脚板！」弟子聽了，想開口對答；但是，行端卻沒等他開口，就大聲喝斥！（同前書）

行端禪師和其他許多禪師一樣，常用打罵、棒喝來教育他的下一代。但是，在行端的打罵和棒喝的背後，又曾經隱藏著什麼「禪機」呢？

原來，禪門一者講究空掉一切，二者強調「平常心是道」。不談玄說妙，不談什麼「擘開華嶽」、「放出黃河」等痴人夢話，只強調「平平實實」的生活。然而，弟子不能體會這一苦心，企圖與師父展開一番玄妙的問答，難怪師父要給他一巴掌！

另外，連腦門都磨破了，脚板也浸爛了，原本可以空掉一切了，

卻沒想到這位不懂事的弟子，仍然放不下一些許，想和師父對答。這正是爲什麼行端要對他斥喝的原因了。

空掉一切玄虛，以平常心來生活的禪師們，其生是自由自在的，其死也是自由自在的。行端禪師就是一個例子。

有一天，行端對他的侍者說：「似乎已經沒有呼了，卻仍然還有吸。那些痛苦之源的來者不來者呀！希望你們了解這種道理呵！」接著，行端又問：「徒弟呀！什麼是來者不來者呢？」侍者一聽，不知怎麼回答。（見前書）

人的生命，維繫在一呼一吸的新陳代謝之上；一但呼吸停止，生命也就跟著死亡。而在禪師們的眼光裡，一呼一吸的生命體（以及生命體所寄居的山河大地，都是）來自於永恒不變的佛性。這一無常變化的生命體中的不變者——佛性，就是行端所說的「來者（中的）不來者」。每一個將死未死的修行人——沒有呼卻有吸的修行人，都應該把握最後的機會，努力地體會這一「來者不來者」的佛性眞理呵！

然而，侍者卻不了解行端的用心。於是，行端又說：「五天後，你就了解了！」

到了第五天，只見行端沐浴更衣，然後寫了一首詩，就丟下手上的毛筆，垂下一脚，去世了！這首詩說：

本無生滅，焉有去來？
冰河發燄，鐵樹華開！（見前書）

從禪門的哲理來說，生命體的一呼一吸、生生滅滅、來來去去，都是永恒不變之佛性的暫時性的顯現。因此，生滅、來去的變化，都是表面的現象；它們的內在本質，都是永恒不變的佛性眞理。而所謂解脫者，就是那些能夠在變化——「來者」當中，體悟不變者——「不來者」的人了。

當一個人，體悟了「來者（中的）不來者」，那就是體悟了「冰河發燄，鐵樹華開」之奇妙境界的人了！朋友們！行端禪師能夠唱著詩偈，垂下一隻脚而死，你爲什麼不能？

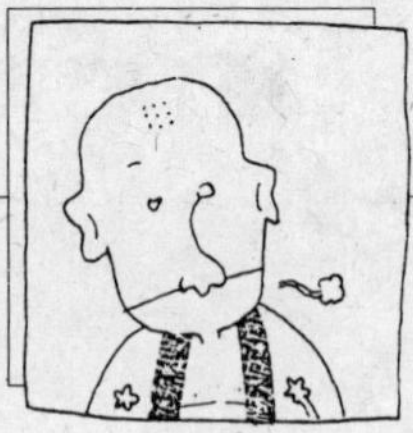

海湛澄空・風清月皎

七歲出家，十三歲就去參訪一峯寧禪師的黃龍壽昌本來禪師，有一天，正當他跟著一峯寧禪師參究禪理的時候，突然覺得身心泰然，行住坐臥之中，都像沒有自己的存在一樣。忽然又聽到有人正在唸誦《清淨經》，經文說：「內觀其心，心無其心」，終於大澈大悟，於是吟出了一首詩偈：

幾年外走喪眞魂，今日相逢迥不倫；
身伴金毛石獅子，回頭呑卻鐵崑崙！（見《續指月錄》卷十）

禪門以為，人人都有佛性，因此，眞正的佛和眞正的道理，並不在心外，而在心內。而眞心是無形無相的，眞佛和眞理自然也是超越一切事物的。一般的修行者，並不了解這一道理，因此儘向心外有形有相的事物上面，想要求得解脫，這無異緣木求魚，永無成功的時日！

開悟後的壽昌本來禪師，知道過去自己的錯誤，於是自我批判地說：「幾年外走喪眞魂」！

然而，知道錯誤之後的壽昌本來禪師，開始往內體會無形無相的眞心，最後終於大澈大悟了！大澈大悟了的壽昌本來，就像神通廣大的神祇一樣，「身伴金毛石獅子」，連「鐵崑崙」都能把它一口呑下肚裡去了！

開悟後的黃龍壽昌本來禪師，是一位徒弟盈門的高僧。有一天，他對徒弟們說：「天日高明暑漸隆，榴花噴火耀庭中，衲僧眼裡眞機露，無位眞人覿面逢。直下知端的，擬議千萬重；要達已躬事，黃龍最上峰！」（同前書）

無位眞人，是我們內心之眞佛、眞理的代名詞；它既是超越一切有形有相的事物，試問它在哪裡？壽昌本來禪師的詩裡告訴我們：覿面（見面）相逢的一切景色，例如庭中盛開著的石榴花，就是無位眞

人呀！

黃龍，是壽昌本來禪師所住的地方；因此，黃龍最上峯，象徵禪師所體悟的最高境界，亦即是佛性的絕對眞理。這一眞理，無法用一般的推理——「擬議」來了解，必須用我們原本具有的智慧之心，直接契入啊！

還有一次，黃龍壽昌本來禪師，又對他的弟子們說：「花燦爛，日輪紅，心法昭彰觸處通，衲僧鼻孔尖頭下，浩氣騰騰宇宙中。眼空四海無家計，祇這拄杖子在手裡，要西便西，要東便東！」說完了，拿起拄杖子在地上打了一下，就回房去了。（同前書）

拄杖，是禪師們慣用的教學工具之一。禪師們有時用它來棒打內心有所執著的弟子，有時則用它來象徵絕對的佛性眞理。而壽昌本來禪師的拄杖子，顯然是後者。這一「要西便西，要東便東」的拄杖子在哪裡呢？在「衲僧的鼻孔下」，在衲僧的「心」上！這一明明白白、昭昭彰彰的眞理呀！在燦爛的百花上，在火紅的日輪上！

這位手拿拄杖，拎著鼻孔，往東往西胡亂跑的壽昌本來禪師，有一天，焚香趺坐，向徒弟要來一支毛筆，一邊寫一邊唱地說：「這箇老乞兒，教化何時了？顛顛倒倒任隨流，是聖是凡人不曉。咄！來來來，去去去！海湛澄空，風清月皎！」寫完唱完後，把筆往地上一丟，就逝世了！（同前書）

「海湛澄空，風清月皎」，何期瀟脫自在！然而，朋友們！你接得住他的拄杖子，拎得起他的鼻孔嗎？

隱峯剗草

住在五台山上的隱峯禪師，有一天，雙手叉腰地看著石頭希遷禪師在剗草。石頭故意走近隱峯的面前，用剗子剗了一株草。隱峯見了，說：「您只剗得這個，剗不得那個！」石頭一聽，一句話也不說地把剗子交給了隱峯。隱峯接過了剗子，裝出剗草的模樣來。石頭說：「你祇剗得那個，不了解剗得這個！」（見《指月錄》卷九）

在禪門中，以爲宇宙中的萬事萬物，都是唯一而絕對之佛性的顯現。因此，萬事萬物乃不可分割的一體，其中沒有人、我之分或物、我之分，也沒有「這個」和「那個」之分。相反地，如果在不可分割的一體之中，強分你我、物我或「這個」、「那個」，那麼人間的是非隨著形成，內心的煩惱也立刻產生。

另外，在禪門中，剗草，象徵是非、煩惱的消除。因此，要消除人間的是非、內心的煩惱，就必須剗除他人與自我的對立、外物與內心的對立，也要割除「這個」與「那個」的對立。能把「這個」與「那個」一併剗除，人間才會太平，內心才有寧靜！

剗除了「這個」與「那個」的隱峯禪師，有一天，來到了淮西，正好遇到了吳濟元反抗唐代皇室的叛軍（唐·元和十年）。眼看吳濟元率領著叛軍，正和唐室皇軍殘酷地交戰著，隱峯禪師於是拿起手中的錫杖，飛身而過兩軍交戰的地方。兩軍士兵見到這一奇異的情形，頓時大減殘殺、戰鬥之心。（同前書）

隱峯雖然化除了一場殘酷的殺戮，但卻自認觸犯了不可炫耀神通來迷惑衆生的清規，因此，決心回到他住的五台山上自殺以謝世人！

來到了五台山上的金剛窟前，對他的徒衆說：「我看過諸多高僧大德，不是躺著死去就是坐著死去，你們有人看過站著死去的嗎？」有個徒弟大聲回答說：「有！」隱峯一聽，又說：「那麼，有人看過

倒立而死的嗎？」徒衆們異口同聲地說：「沒有！」於是，隱峯決定地說：「那麼，我就倒立而死吧！」說完，隱峯倒立在金剛窟前，逝世了！（同前書）

徒衆們見他已經逝世，於是想要把他推倒在地，以便抬去火化。沒想到怎麼推也推不倒！這時，隱峯的妹妹恰好也在附近，她是個出家的女尼。這位女尼來到了隱峯的屍體旁邊，撫摸著屍體說：「哥哥，哥哥呀！在世時，你因爲不守清規，亂顯神通，以致落得自殺以謝世人的下場；現在死後，卻依然不守清規，在這裡不肯安息，還在熒惑世人！」說完，女尼用手輕輕一推，隱峯的屍體就倒了下來。徒衆們終於把它抬去火化了！（同前書）

隱峯爲什麼能這樣，來去自如呢？無疑地，那是因爲他不但剗得了「這個」，也剗得了「那個」。在「這個」與「那個」全都剗除之後，他就是一個想倒立而去就倒立而去的人了！

世間如影響

龐蘊居士有一天問石頭希遷禪師說：「不與萬法爲侶者，是什麼人？」石頭一聽，用手掩住了龐蘊的嘴巴。龐蘊內心豁然開悟了起來！（見《指月錄》卷九）

禪門以爲，世間的事物——萬法，都是纏繫我們身心，使我們的身心不得自在的原因。因此，必須超越萬法，不爲萬法所纏，才能解脫自在。這不爲萬法所纏之人，即是不與萬法爲（伴）侶之人；他是誰呢？他就是澈底的解脫者呵！

然而，解脫者既是超越世間萬法之人，那麼，世間的任何語言文字，就必然無法描寫他了。無疑地，這是爲什麼石頭希遷掩住龐蘊嘴巴，不讓他繼續說下去的原因了。

龐蘊這一次的開悟，顯然並不澈底，因爲他又把同一個問題拿去請教馬祖道一禪師：「不與萬法爲侶者，是什麼人？」馬祖不用掩住嘴巴的方法來回答他，相反地卻開口回答說：「等你一口氣吸完了西江水，我再告訴你！」龐蘊一聽，大澈大悟了！這次的開悟，想必是澈底的了。(見前書)

馬祖道一禪師似乎開口說得太多了，其實，他一字一句都不曾講過！要叫龐蘊把西江水一口氣吸完，那是不可能的；因此，吸完西江水後再回答什麼是「不與萬法爲侶的解脫者」，也同樣是不可能的！馬祖道一說了半天，不是等於沒說嗎？事實上，這是因爲不與萬法爲侶的解脫者，是不可說、不可說的呀！

開悟後的龐蘊居士，帶著妻子、兒子和女兒，來到鄉下種田維生。有一天，龐蘊不尋常地對女兒靈照說！「女兒！妳好好注意時辰，等到日正當中時，進屋子裡來通知我一聲！」說完，坐在他平日所坐的座位上靜靜地冥思著。靈照心想：「爸爸今天有點古怪，莫非他想偷

偷一人先走了？」於是，心中打定主意，要捉弄爹爹一番！她來到了屋外，等著等著，等到太陽已經掛在頭頂正上方時，她回到了屋裡，問龐蘊說：「爸爸！已經正午時刻了，可惜卻日蝕了！」龐蘊一聽，半信半疑地走出屋外仰天一看，才知道上了女兒的當！龐蘊急忙轉身回屋，卻發現靈照已經搶先坐在他原來的座位上去世了！龐蘊笑著說：「這丫頭！比我還著急！」(同前書)

龐蘊心想，今天是走不成了，於是順延了七天，臥病在床，等待時辰。到了第七天，州牧于頔聽說龐蘊病了，特地趕來探訪。龐蘊枕在于頔的膝上，對于頔說：「但願你能空掉那些所應該空掉的東西，千萬不要把那些原本沒有的東西看成是實有。好好去吧！世間皆如影響！」說完，龐蘊就合目逝世了。(同前書)

可不是嗎？一個不與萬法爲侶的解脫者，都視世間萬物如身體之幻影、空谷之迴響呀！

死了丈夫和女兒的龐夫人，一邊口裡埋怨地說：「這死老頭、死丫頭！兩個人不說一聲就走！」一邊匆匆忙忙地來到了田裡，把這噩訊告訴正在耕田的兒子。兒子一聽，放下肩膀上的鋤頭，應了一聲：「嗄！」就站著死去了！龐夫人一看，更加大叫了起來：「這孩子，怎麼跟他們兩人一樣傻呢！」（同前書）

孤伶伶，剩下單獨一人的龐夫人，拜別了鄰人，也不知到哪裡隱居去了。（同前書）

唉！不與萬法爲侶的解脫者，都是這般來去自在的嗎？

向上一路

盤山寶積禪師曾對他的弟子們說：「三界無法，何處求心？四大本空，佛依何住？璿璣不動，寂爾無言；覿面相呈，更無餘事。珍重！」(見《指月錄》卷九)

原來，禪門中，以爲整個宇宙可以區分成爲欲界、色界和無色界等三界；它們都由地、水、火、風等四種元素——四大，所組成。欲界，是指性欲特別強烈的那一類生命體；色界，是指物質享受特別豐富的那一類生命體；而無色界，則指沒有性欲和物質享受，只有精神享受的那一類生命體。

禪門中還以爲，由四大所組成的三界，雖有山河大地、花草樹木、乃至男男女女等等的幻相，卻全都沒有眞實的本質；因爲這些幻相，都由絕對而且唯一的眞心——佛性所生。

然而，由佛性之眞心所生的三界萬法，既然都是虛妄不實的幻相，那麼，生起這些幻相的眞心——佛性，又在哪裡呢？眞心佛性是眞佛的象徵；一切三界中的萬事萬物既然都是空幻的，那麼，眞佛又住在哪裡呢？

盤山寶積禪師自問自答地說：眞心和眞佛就像北極星——璿璣一樣地永恒不動，卻又無法用一般的日常語言來描述。但是，由它所生起的三界幻相，不全都是它的顯現嗎？當我們和山河大地見面時，山河大地所呈現出來的花花草草乃至風風雨雨，不正是眞心與眞佛的表徵嗎？

有位掩室善開禪師，見了寶積的那首詩偈，也作了下面這首美麗的詩偈，來附和寶積的見解：

山舍無塵分外清，石榴花發透簾明；
槐陰滿地日卓午，夢覺流鸞時一聲！（同前書）

另外還有一位愚谷囦禪師，也作了一首同樣美麗的詩偈，來讚頌寶積的看法：

依依楊柳欲藏鴉，社後東風捲落花；
理策邀朋何處好，山南山北看桑麻！（同前書）

而雪竇重顯禪師，也寫了另外一首長短句的詩歌，來誦讚寶積禪師的思想：

三界無法，何處求心？
三界無法，何處求心？
白雲爲蓋，流水爲琴。
一曲兩曲無人會，
雨過夜塘秋水深！（同前書）

掩室開、愚谷囦和雪竇顯三人的詩歌，不管是對山舍、石榴、槐陰的描寫，或對楊柳、落花、桑麻的描寫，乃至對白雲、流水、夜塘的描寫，無非都從他們自己的觀點，來闡述寶積所說的：三界萬法都是眞心與眞佛的展現罷了。

又有一回，寶積禪師又向他的弟子們說：「如果有人說即心即佛，那麼，他到現在還尙未悟入玄微之處；如果有人說非心非佛，那麼，他到現在仍然停留在修行的半路上。向上一路，是千聖不傳的。但是一般的修行人，卻被外在的事物所迷惑，就像猿猴撈捉水中月一樣，永遠撈捉不到眞理呵！」（見前書）

的確，正面地說「即心即佛」，只是一種「黃葉止啼」的方便說法；但是，反面地說「非心非佛」，同樣也只是一種暫時性的手段。絕對的眞理，超越了「（即）是」與「非」的矛盾、對立。而通往絕對眞理的道路——「向上一路」，也同樣是不可說、不可說的！這不可說的道路，自然也就不是聖人所能傳承給我們的了。——通往絕對眞理的「向上一路」，必須靠每一個人自己去摸索呀！

相信，寶積是一個已經自己摸索出「向上一路」而悟入眞理境界的禪師。像這樣一個已經悟入眞理境界的解脫者，雖然日日與風月爲

侶，卻又超越了風月，不爲風月所拘。他會是一個什麼模樣的人呢？

有一天，寶積忽然神祕地對弟子們說：「有什麼人能把我的模樣畫出來的呢？快快呈上來給我看看！」弟子們各自畫了一張師父的畫像，呈了上去，沒想到寶積都說「不像我的樣子」，因而都被退了回去！

這時，普化禪師獨自一人，也不呈上畫像，只向寶積說：「師父！弟子可以畫出您的模樣來！」寶積說：「那麼，快快呈上來！」結果，普化一語不發地打筋斗而出。寶積讚嘆地說：「這傢伙將來一定能夠呼風喚雨呀！」說完，寶積就逝世了！（同前書）

已經摸索出「向上一路」而悟入眞理境界的寶積禪師，豈是人世間的丹青所能描繪得出的嗎？普化的一語不發和翻筋斗而出，正意味著這一密意呵！

寶積自由自在地走了，因爲他所走的是一條康莊的大道呀！

219 向上一路

慇懃空裏步

傳說有一和尚曾問南陽慧忠國師說：「什麼是古佛心？」慧忠回答說：「牆壁、瓦礫就是古佛心！」和尚半信半疑地說：「牆壁、瓦礫，豈不是無情嗎？」慧忠說：「對呀，是無情呀！」和尚又問：「古佛會講經說法；牆壁、瓦礫的無情既然就是古佛心，那麼，無情難道也會講經說法嗎？」慧忠說：「當然會呀！無情常常熱心地在講經說法，永遠都不歇息呀！」（見《指月錄》卷十六）

在禪門中，由於主張宇宙中的一切事物——包括有情的生命體和無情的牆壁、瓦礫，都由我們這顆至善至美的佛性眞心——「古佛心」所生起，因此，包括有情與無情的一切事物，也都時時流露出「古佛心」所顯發出來的眞理。顯然，這是慧忠國師所謂「無情說法」的理論根據。

有一天，洞山良价禪師把這「無情說法」的道理，拿來請教潙山禪師。潙山說：「不錯！慧忠國師確實說過無情說法的道理。」洞山說：「弟子不太明白這個道理，請師父為弟子解說好嗎？」潙山一聽，一句話也不說，只舉起他手中的拂子，然後說：「懂了嗎？」洞山回答說：「弟子還是不懂！」潙山嘆口氣說：「我的父母親生下了我的這張嘴巴，但卻永遠不會為你解說什麼道理！」（同前書）

原來，一切有情與無情的事物既然都在講經說法，那麼，潙山手中的拂子，自然也不斷地在講經說法呀！然而，洞山顯然並未參透這個道理，直到有一天，當他涉過一條溪水，看到水中自己的倒影時，才大澈大悟「無情說法」的道理，當時，他作了一首詩說：

切忌從他覓，迢迢與我疎；
我今獨自往，處處得逢渠。
渠今正是我，我今不是渠；

應須恁麼會，方得契如如。(同前書)

洞山的意思是：眞理就在自己的「古佛心」中，千萬不要往外去追求，否則你就永遠找不到他——「渠」。相反地，如果我們獨自一人反躬自己，往內心深處探索，那麼，什麼地方看不到他——「渠」呢？絕對的眞理——「渠」，生起了一切的有情與無情，也生起了「我」自己。因此，「渠今正是我」。但是，絕對的眞理——「渠」，並不侷限在小「我」和一切有情與無情的上面，他超越了小「我」和一切的有情與無情。所以，「我今不是渠」呀！了解「大我」之「渠」與「小我」之間的關係，才能契入「如如」的眞理呀！(按：「如如」又譯成「眞如」，意思是事物的眞實樣子。)

已經契入「渠」的洞山良价禪師，在他病危將要逝世時，有弟子問他說：「師父身體欠安，當中有不生病的部分嗎？」洞山回答說：「有！」弟子又問：「不生病的那一部分，來不來探望您呢？」洞山說：「不是不生病的那一部分來探望我，而是我去探望它。」弟子又問：「不知道師父您怎麼探望法？」洞山回答說：「我去探望它時，我不覺得自己有病。」

原來，洞山以爲，我們的身心當中，有兩部分，一部分不會生病，即是佛性眞心——「古佛心」、「渠」；另一部分則會生病，指的是有形有相的肉體部分——臭皮囊。未解脫的凡夫，執著會生病的、有形有相的臭皮囊；已解脫的禪師，則已契入不會生病的「渠」或「古佛心」。

所以，當洞山與弟子之間，展開一連串耍嘴皮子的問答之後，眼看著弟子已經無話可說了，於是洞山反問說：「徒弟呀！離開殼漏子，你到那裡去和我見面呢？」弟子聽了，楞在一邊，不曉得如何回答！

殼漏子，就是我們有形有相的肉體——臭皮囊。洞山要求他的弟子，拋棄對於會生病的肉體的執著，而去和那不會生病的內在的「古佛心」相結合。然而，不會生病的「古佛心」在哪裡呢？洞山的眞我在哪裡呢？弟子顯然只會和師父耍嘴皮子，並不眞正了解「古佛心」的道理。因此，洞山唱了一首歌，勸告弟子說：

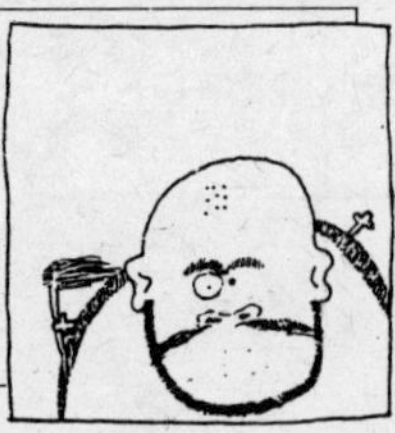

學者恒沙無一悟，過在尋他舌頭路；
欲得忘形泯蹤跡，努力慇懃空裏步；(同前書)

的確，如印度恒河裡的細沙一樣多的修行人，之所以不能契入無形無相、沒有蹤跡的絕對眞理，都是因爲他們只會耍嘴皮子，而不知辛勤地步向一切皆空的眞理之境呀！

教訓了弟子之後，洞山良价禪師就叫人爲他剃髮、沐浴，然後敲打銅鐘，對大家說：「再見了！」就坐著準備逝世了！徒弟們見到師父就要離開他們，各個愁容滿面。於是，原本就要逝世的洞山，又睜開雙目說：「出家人不應該被外物所左右。生命有何可貴，死亡又有何可怕的呢？」不過，他還是決心再多留人間七天。(同前書)

七天後，他和大衆吃完了齋飯，就說：「我走了！大家不要喧嘩！」說完，回到自己的寮房，端坐而逝！(同前書)

唉！由於「慇懃空裏步」，因而體悟了不會生病之「渠」和「古佛心」的洞山，竟然是這般來去自如呀！

225 慇懃空裏步

聽取松風澗水聲

住在杭州虎跑寺的性天如皎禪師，是天界古拙俊禪師的弟子。一天夜裏，偶然來到窗前，拉開了窗簾。夾著花香的涼風，迎面徐徐吹來，他見到了夜空中的一輪明月，像是見到了許久不曾見面的老友，他因而開悟得解脫了！

第二天一早，天還沒有大亮哩！如皎禪師來到了師父古拙禪師的寮房裏，大聲喝了一聲。古拙禪師打趣地問著：

「你這窮光蛋，到底挖到什麼寶物？怎麼這麼高興？」

「眞正的寶物是挖不到的，能挖到的一定不是眞正的寶物！」如皎禪師說。

「你根據什麼道理，膽敢這麼肯定地說？」古拙禪師試探性地追問著。

只見如皎禪師彷彿不曾聽到古拙禪師的問題似的，一句話不說地走到古拙禪師的面前，行了一禮，然後叉手站在一旁。這時，反而是古拙禪師著急起來了！他以命令的口吻，向如皎禪師大聲說：

「還我向上一句來！」（以上參見《續指月錄》卷十）

「還我向上一句來」，什麼是「向上一句」呢？無疑地，那是指超越一切語言文字（句子）的「那個」東西；那是「不可說、不可說」的絕對眞理呀！

既然是「不可說、不可說」的絕對眞理，那麼就連「向上一句」也不該說！因此，當古拙禪師要求如皎禪師「還我向上一句來」的時候，如皎禪師一語不發地掩著耳朵，表示既然不該說，也就不該聽地，打從古拙禪師的寮房，跑了出去！（同前書）但是，事過境遷之後，如皎禪師寫了一首詩歌，交給了古拙禪師，用以表達他開悟時的心境。這首詩歌是這樣的：

午夜推簾月一灣，輕輕踏破上頭關；
不須向外從他覓，只麼怡怡展笑顏。

從這四句詩裏可以清楚地看出，如皎禪師的意思是：他所體悟的「那個」，其實是他自己（也是人人）本有的「那個」東西。午夜推簾見月，不過是一個激發體悟「那個」的偶然機會罷了。而自己本有、不須外覓的「上頭關」呢？其實只不過是「那個」的另一個代名詞罷了！

由於如皎禪師已經體悟了「那個」，因此他的逝世也是灑脫自在的。他在逝世前，曾對他的徒弟們說：「文章、佛法空中色，名相身心柳上煙。惟有死、生眞大事，殷勤了辦莫遷延！」他的意思，無疑地是說：世間的一切，都只不過像是虛空中的顏色或柳樹上的雲煙一樣的虛幻不實；到頭來，只有人生的生與死，才是每個人所要面臨而無法逃避的問題。

如皎禪師說完了這些道理之後，意猶未盡地補了一句：

「大家暫且說說看，你們要如何了辨生與死的大事？」

他看看徒弟們個個不知所措的模樣，又自言自語地唱了兩句詩：

「吾今無暇爲君說，聽取松風澗水聲！」

唱完了這兩句詩歌，在餘音裊繞中，如皎禪師像極了一個安睡中、天眞無邪的嬰兒，輕輕垂下眼簾，怡然自得地離開人間了！他說他「無暇爲君說」，彷彿「去」得匆匆忙忙的。其實，這不過意味著他無法說出不可說、不可說的「那個」罷了。事實上，他來去自如呀！他自己因爲推簾見月而解脫，卻勸告徒弟們「聽取松風澗水聲」。其實，美善的眞理無所不在，那麼，又豈只是皓皓明月、沙沙松風和潺潺澗水聲，才能幫助我們體悟「那個」呢？

依然凡愚的我們呀！誰能打從如皎禪師來去自如的風範，以及他那「無暇」告訴我們的禪機當中，獲得一丁點的啓示呢？

撞破虛空

幻叟紹琦禪師，曾在無際禪師那裡參禪。有一天，無際禪師問他：

「什麼是你一點都沒有懷疑的地方？」

「青山綠水，燕語鶯啼，歷歷分明，更疑何事？」紹琦禪師回答。

無疑地，紹琦禪師以爲：眼前所見、所聞的青山綠水和燕語鶯啼，就是「歷歷分明」、「一點都沒有懷疑」的絕對眞理。然而，無際禪師卻以試探的口氣，向紹琦禪師說：

「答得不夠好，你試著再說說看！」

「頭頂虛空，脚踏實地！」紹琦禪師仍然以堅定的神情、自信的口吻回答。

無際禪師聽了之後，敲打吊在寺外的銅鐘，集合全寺的徒弟，然

後儀式隆重地把一件袈裟和一支拂子，送給了紹琦禪師。顯然，無際禪師非常欣賞紹琦禪師的回答。那回答無非再一次地肯定：「歷歷分明」、「一點都沒有懷疑」的絕對眞理，就在青山綠水、燕語鶯啼之上罷了！（以上參見《續指月錄》卷十一）

歷歷分明的絕對眞理，豈止存在於青山綠水和燕語鶯啼之上而已；它也存在於菜園仔裏的冬瓜之上呀！有一次，紹琦禪師來到一座菜園仔裏，看到一顆又圓又大的冬瓜，就向管理菜園仔的和尚問說：

「這顆冬瓜沒有嘴巴可以用來吃東西，爲什麼長得這麼大呢？」

「那是因爲弟子不曾偷懶，努力照顧它的關係。」管理菜園仔的和尚回答。

紹琦禪師聽了之後，感到非常滿意，又問：

「『主人公』會幫忙你照顧這顆冬瓜嗎？」

「全靠他老人家的幫忙呀！」菜園裡的和尚答。

「既然這樣，那就請他出來見見面吧！」紹琦禪師說。

管理菜園仔的和尚聽了之後，一句話也不說，就像是「主人公」見了客人似地，只管向紹琦禪師打躬作揖。無疑地，自信就是紹琦禪師所說的「主人公」。然而，紹琦禪師卻搖搖頭說：

「你這等低聲下氣的模樣，哪像是個『主人公』呢？」說著說著，紹琦禪師又重重地補了一句：

「你不過是個奴兒婢子罷了！」

管理菜園的和尚一聽，挺起腰幹，旁若無人似地轉身拿著竹篾，綁起竹架來。紹琦禪師看了之後，一句話也不說，呵呵大笑地獨自回到了屋裏，然後向他的徒弟們宣稱：

「大家聽著！菜園仔裏有一條好大的菜蟲呀！」（同前書）

菜園仔裡的大菜蟲，這自然是讚美那個管理菜園仔的和尚。而那顆經由「主人公」的細心幫忙、照顧，雖然沒有嘴巴，但卻長得又大又圓的「大冬瓜」呀！其實和青山綠水、燕語鶯啼，又有什麼差別呢！那青山綠水、燕語鶯啼，乃至菜園仔裡的大冬瓜，無疑地都是紹琦禪師「一點都沒有懷疑的地方」，也是菜園裡的和尙之所以能夠成爲「主人公」，成爲「一條大菜蟲」的關鍵所在！——那是無所不在、「歷歷分明」的絕對眞理呀！

有一天，早就和菜園仔裡的和尙，同樣體悟了「大冬瓜」的奧妙，也同樣成爲「主人公」和「大菜蟲」的紹琦禪師，告訴他的弟子們，他就快要逝世了。他的弟子要求他能留下「末後句」（絕對眞理），他卻攤開兩手，什麼話也不說。過了好一陣子，才開口問他的弟子們：「懂了嗎？」無疑地，紹琦禪師的意思是：「末後句」和超越語言文字的「向上一句」一樣，乃是不可言說的絕對眞理。

然而，沒等弟子們回答，紹琦禪師接著又自言自語起來：

「今年今日，推車撞壁，撞破虛空，靑天霹靂！」

然後，「呵！呵！呵！」地大笑幾聲，有如唱歌一樣地吟詠著一生中的最後兩句話：「泥牛呑卻老龍珠，澄澄性海漚華息。」

紹琦禪師平靜地逝世了！然而，他卻留下一個令人困惑的問題：

爲什麼體悟了「末後句」的紹琦禪師，就能夠推著車子去撞破虛空，以致於震驚了老天爺，打起晴天霹靂來呢？爲什麼泥巴捏出來的泥牛，能夠那麼神通廣大地吞掉老龍珠，使得原本充滿了煩惱，以致波濤洶湧的「(心) 性 (之) 海」，一時之間就平息了下來呢？爲什麼紹琦禪師能夠那麼平靜地離開人間呢？

無疑地，那是無所不在的青山綠水，無所不在的燕語鶯啼，以及菜園仔裡那一顆顆又大又圓的冬瓜，所迸放出來的無比力量呀！

——那力量，是絕對眞理的力量！

235　撞破虛空

國家圖書館出版品預行編目資料

水月小札／楊惠南著. --初版二刷. --臺北市：
萬卷樓發行；三民總經銷，民 85
面；　公分.
ISBN 957-739-146-X(平裝)

1.禪宗

226.65　　85004293

水月小札

著　　者：楊惠南
發 行 人：許錟輝
總 編 輯：許錟輝
責任編輯：黃炫敏
發 行 所：萬卷樓圖書有限公司
台北市和平東路一段67號14樓之1
電話(02)3216565・3952992
FAX(02)3944113
劃撥帳號15624015
總 經 銷：三民書局股份有限公司
台北市復興北路386號
訂書專線(02)5006600（代表號）
FAX(02)5164000・5084000
承印廠商：彩色設計製版有限公司
定　　價：220元
出版日期：民國85年6月初版
出版登記證：新聞局局版臺業字第伍陸伍伍號

ISBN 957-739-146-X